COMO TRABALHAR OS CONTEÚDOS PROCEDIMENTAIS EM AULA

C735 Como trabalhar os conteúdos procedimentais em aula / organizado por Antoni Zabala; trad. Ernani Rosa. – Porto Alegre : Artmed, 1999.

ISBN 978-85-7307-430-7

1. Educação – Metodologia – Conteúdos.
I. Zabala, Antoni. II. Título.

CDU 371.315.7

Catalogação na publicação: Mônica Ballejo Canto – CRB 10/1023

COMO TRABALHAR OS CONTEÚDOS PROCEDIMENTAIS EM AULA

Antoni Zabala
organizador

2ª edição

Tradução:
Ernani Rosa

Consultoria, supervisão e revisão técnica desta edição:
Nalú Farenzena
Doutoranda em Educação pela UFRGS.
Professora da Faculdade de Educação da UFRGS.

Reimpressão 2008

1999

Obra originalmente publicada sob o título
Como trabajar los contenidos procedimentales en el aula

© ICE de la Universitat de Barcelona, Editorial GRAÓ de Serveis Pedagògics, Barcelona, maio de 1996.
ISBN 84-7827-096-5

Capa: *Mário Röhnelt*

Preparação do original: *Maria Rita Quintella*

Supervisão editorial: *Letícia Bispo de Lima*

Editoração eletrônica: *Laser House - m.q.o.f.*

Reservados todos os direitos de publicação, em língua portuguesa, à
ARTMED® EDITORA S.A.
Av. Jerônimo de Ornelas, 670 - Santana
90040-340 Porto Alegre RS
Fone (51) 3027-7000 Fax (51) 3027-7070

É proibida a duplicação ou reprodução deste volume, no todo ou em parte, sob quaisquer formas ou por quaisquer meios (eletrônico, mecânico, gravação, fotocópia, distribuição na Web e outros), sem permissão expressa da Editora.

SÃO PAULO
Av. Angélica, 1091 - Higienópolis
01227-100 São Paulo SP
Fone (11) 3665-1100 Fax (11) 3667-1333

SAC 0800 703-3444

IMPRESSO NO BRASIL
PRINTED IN BRAZIL
Impresso sob demanda na Meta Brasil a pedido de Grupo A Educação.

Sumário

Introdução	7
Antoni Zabala	
A aprendizagem dos conteúdos procedimentais	14
O ensino dos conteúdos procedimentais	16
1 Conhecimento do Meio Natural	21
Ignasi Oró	
Dissecação	24
Generalização de conceitos	26
Identificação de uma variável	28
Montagem de um circuito elétrico	29
Aplicação de uma fórmula	31
Esboço de um projeto	32
2 Conhecimento dos Meios Social e Cultural	35
Jaume Ríos	
O registro de dados mediante um formulário	37
Orientação espacial utilizando diferentes direções	40
Utilização de noções e categorias temporais	42
A construção de modelos de processos dinâmicos	45
O mapa conceitual	48
As brincadeiras de "papel"	51
3 Educação Artística: Música	55
Pep Alsina	
Entonação	57

Análise e classificação das canções 61
Imitação de sons 65
Combinação cognitiva/criativa de sons e silêncios 69
Interpretação de danças 72
Criação melódica 74

4 Educação Artística: Artes Plásticas 79
Dolors Dilmé, Missún Forrellad, Rosa Gratacós, Montserrat Oliver
Domínio do gesto 82
A representação simbólica 87
As técnicas 92
Recriações 97
Observação 100
Memória visual 103

5 Educação Física 107
Jaume Bantulà, Marta Carranza
Flexibilidade 109
Orientação no espaço 115
Lançamento 119
Subir 124
Expressão de emoções e sentimentos 129
Giros 133

6 Língua 141
Artur Noguerol
Caligrafia 144
Apresentação dos trabalhos escritos 147
Busca de uma palavra no dicionário 151
Compreensão leitora 154
Indução/aplicação de regras ortográficas 157
Escrita de um texto (a redação) 161

7 Matemática 165
Pep Pérez Ballonga
Elaboração de um plano para resolver um problema
relacionado com operações 168
Algoritmo da soma 172
Reconhecimento e uso dos atributos dos elementos de
uma coleção 176
Confecção de gráficos 180
Estimativa 183
Leitura de conteúdos matemáticos 187

Quadro-resumo por ciclos 193

Introdução

Antoni Zabala

O "SABER FAZER" COMO CONTEÚDO DE APRENDIZAGEM

A escola que teve por objetivo a formação integral dos alunos sentiu a necessidade de abarcar todas as capacidades da pessoa. Para alcançar tais fins foi necessário trabalhar na aprendizagem de uma série de conteúdos de diferentes características. Assim, no ensino, foram objeto de aprendizagem conhecimentos diversos (nomes dos países dos vários continentes, acontecimentos históricos de maior importância, modelos interpretativos do mundo natural, etc.), habilidades, técnicas e estratégias (ler, escrever, calcular, medir, descrever, analisar, etc.) e pretendeu-se que o aluno adquirisse alguns comportamentos determinados (solidariedade, tolerância, respeito pela natureza, etc.).

A esse conjunto de aprendizagens que responde à pergunta "o que se deve ensinar?" denominamos *conteúdos de aprendizagem*, na terminologia que vem sendo utilizada ultimamente. A expressão inclui tudo o que é objeto de aprendizagem em uma proposta educacional. De certa maneira, a definição contradiz a linguagem comum empregada hoje pela maioria dos professores, que associa conteúdo com conhecimento ou saber, de modo que dizemos que uma matéria está repleta de conteúdos quando há muitos conhecimentos a serem memorizados. Assim, pois, se consideramos como conteúdos de aprendizagem não apenas aquilo que é preciso conhecer ou saber, mas, além disso, tudo o que também é objeto de aprendizagem na escola, deparamo-nos com conteúdos de aprendizagem de natureza muito diversa: nomes, habilidades, acontecimentos, comportamento, etc.

Realizar uma tarefa educativa o mais conscientemente possível requer que disponhamos de instrumentos interpretativos que nos permitam conhecer os processos de ensino/aprendizagem que desenvolvemos ao final. Um dos meios que nos pode ajudar nesta tarefa é a análise dos diferentes conteúdos de acordo com determinadas características comuns. Existem muitas maneiras de classificar os conteúdos de aprendizagem (Bloom, Tyler, Merrill, entre outros) e cada uma nos oferece uma forma de entender melhor a sua natureza e, portanto, idéias que nos podem ajudar a compreender melhor o modo como são aprendidos e como podem ser ensinados.

Uma das formas de classificar os conteúdos de aprendizagem é a que M. D. Merrill (1983) utiliza, recolhida por César Coll (1986) e adotada pelos currículos oficiais, a qual estabelece uma distribuição em três grandes grupos: os conteúdos conceituais, os procedimentais e os atitudinais. Aparentemente essa classificação, é simples. No entanto, de uma grande força pedagógica, já que diferencia claramente os conteúdos de aprendizagem segundo o uso que deles se deve fazer. Assim, haverá conteúdos que é preciso "saber" (*conceituais*), conteúdos que é preciso "saber fazer" (*procedimentais*) e conteúdos que admitem "ser" (*atitudinais*).

É evidente que em cada um desses agrupamentos também podemos distinguir características diferenciais. No grupo dos conteúdos conceituais, podemos distinguir alguns conteúdos complexos, como saber o nome de uma pessoa ou a data de um acontecimento, ou outros muito mais complexos, como conhecer o processo digestivo ou as causas da transformação da matéria. No grupo dos conteúdos atitudinais, podemos encontrar diferenças notáveis entre o que seria cumprimento de uma regra ou norma e a interiorização e a assunção de uma pauta geral de comportamento, como pode ser a solidariedade. No grupo dos conteúdos procedimentais, as diferenças também são enormes, de modo que podemos distinguir ações muito simples, como abrir uma porta, ou ações, "saber fazer", extremamente complexas, como escrever ou deduzir.

O objetivo deste livro é centrar a atenção naqueles conteúdos de aprendizagem ligados ao "saber fazer", ou seja, aos chamados *conteúdos procedimentais*. Pretendemos fazer uma revisão de distintas propostas práticas sobre como podem ser tratados didaticamente esses conteúdos. Mas, em primeiro lugar, devemos examinar o que se entende por procedimental e os diferentes tipos de conteúdo que esse termo abrange. Isso nos permite organizar uma forma de classificação de cada um deles, segundo suas características específicas, e estabelecer referências gerais de intervenção pedagógica. A seguir, no corpo do livro, diversos autores, especialistas em áreas curriculares, apresentam um desenvolvimento didático de 42 procedimentos de diferentes tipos.

Mas antes seria conveniente deixar claro que, pelo fato de que analisamos especificamente determinados tipos de conteúdos e examinamos como são aprendidos, com a finalidade de estabelecer referências ou critérios para a elaboração de propostas de ensino/aprendizagem, não significa de maneira alguma que proponhamos – entre outras razões, porque seria impossível – estratégias didáticas ou atividades de ensino nas quais se considere que os conteúdos procedimentais são aprendidos ou podem ser aprendidos de uma maneira significativa, desvinculados dos conteúdos conceituais e atitudinais. Há duas razões fundamentais que nos impedem de estabelecer propostas compartimentadas por tipo de conteúdos.

Uma, que tem relação com a significância das aprendizagens: se queremos que o que se aprende tenha sentido para o aprendiz, deve estar bem relacionado com todos os componentes que intervêm e que o tornam compreensível e funcional. Assim, o domínio de uma técnica ou de um algoritmo não poderá ser utilizado convenientemente caso se desconheça o porquê de seu uso, ou seja, se não está associado aos seus componentes conceituais. Não serve de nada a habilidade para o cálculo, por exemplo, a de somar, se não se é capaz de usá-la como meio para resolver situações de soma (conceitualização da soma). Igualmente, estes dois conteúdos, conteúdo procedimental soma e conteúdo conceitual soma, serão mais ou menos potentes ou serão alcançados pelo aprendiz de um determinado modo, segundo o marco atitudinal no qual foram aprendidos. A outra razão é dada por uma constatação: quando aprendemos qualquer coisa, esta sempre tem componentes conceituais, procedimentais e atitudinais. Poderemos estar mais ou menos conscientes disso, ou seu ensino será ou não intencional, mas, de qualquer forma, no momento de aprender estamos utilizando ou reforçando simultaneamente conteúdos de natureza conceitual, procedimental e atitudinal. Isso, claro, sempre que as aprendizagens não sejam puramente mecânicas.

Nas unidades programáticas ou didáticas e nas seqüências de atividades são trabalhados, reforçados e, portanto, aprendidos, ao mesmo tempo, conteúdos de diferente natureza. Conhecer a especificidade de sua aprendizagem segundo sua tipologia deve nos permitir, em situações complexas de ensino/aprendizagem, examinar as características das distintas atividades que compõem tais processos e a incidência que cada uma delas tem na aprendizagem dos distintos conteúdos que são trabalhados.

O QUE ENTENDEMOS POR CONTEÚDOS PROCEDIMENTAIS

Uma rápida observação nos conteúdos conceituais nos revelará que, sob tal denominação, encontramos conteúdos com características diferenciais notáveis, de modo que estes podem ser classificados ao mesmo tempo, e é assim que são distribuídos no *Marco Curricular*, em três grandes subgrupos: os fatos, os conceitos e os sistemas conceituais ou princípios. Os conteúdos atitudinais também se distribuem em três grandes subgrupos: os valores, as normas e as atitudes. Por outro lado, para os conteúdos procedimentais não se oferece nenhum subagrupamento. Essa falta fez com que hoje em dia não haja muito consenso e que diferentes autores situem fora dessa categoria conteúdos que comportam ações ou "saber fazer" (especialmente os de tipo mais complexo). Em nossa opinião, como já dissemos, a classificação dos conteúdos de aprendizagem nesses grandes grupos tem uma grande potencialidade pedagógica. O fato de se poder distingui-los de um modo bastante simples e, ao mesmo tempo, com suficiente singularidade, e não pela forma tradicional de distribuição dos conteúdos – segundo pertençam a disciplinas ou a matérias –, mas em um enfoque que prioriza a visão global da pessoa em relação ao que *é, faz e sabe*, permite analisar como se aprende e como se deve ensinar utilizando alguns instrumentos generalizáveis, o que autoriza estender esse conhecimento mais geral à análise e ao tratamento didático dos conteúdos de todas as áreas e disciplinas.

Um estudo minucioso sobre como se aprendem os conteúdos, sejam eles conceituais, procedimentais ou atitudinais, permite que nos demos conta de que existem elementos comuns para cada uma das três tipologias. Aprendemos de forma distinta o que sabemos, o que sabemos fazer e o que nos faz agir de um modo ou de outro. O fato de nós termos fixado nessa distribuição e em sua aprendizagem indica-nos que existem certas diferenças, mas também, e isso é o mais importante, que há certas semelhanças. Essas diferenças e semelhanças são o que, mais tarde, podem permitir tirar conclusões que poderemos generalizar para todas as áreas de ensino, de modo que, com um mesmo instrumento de análise, é possível iniciar propostas que sejam aplicáveis, em seus aspectos mais gerais, às didáticas específicas.

Aceita a capacidade interpretativa de uma distribuição dos conteúdos segundo o seu uso (saber, saber fazer, ser), enfocaremos como devemos definir aqueles conteúdos que incluiremos na categoria do *saber fazer*, quer dizer, os conteúdos procedimentais (note-se que não dizemos procedimentos). Partiremos da definição de César Coll no *Marco Curricular* (1986, p. 46):

"Um procedimento – também chamado de regra, técnica, método, destreza, habilidade – é um conjunto de ações ordenadas e com uma finalidade, quer dizer, dirigidas para a realização de um objetivo".

Nessa definição, utiliza-se o termo *procedimento* por extensão, em uma referência a todos os conteúdos procedimentais. Para resolver alguns mal-entendidos, introduziremos algumas pequenas mudanças, de modo que a definição poderia ficar assim:

"Um conteúdo procedimental – que inclui, entre outras coisas, as regras, as técnicas, os métodos, as destrezas ou habilidades, as estratégias, os procedimentos – é um conjunto de ações ordenadas e com finalidade, quer dizer, dirigidas à realização de um objetivo".

A expressão "conteúdos procedimentais" inclui todos aqueles conteúdos de aprendizagem que se enquadram na definição de ser um conjunto de ações ordenadas e dirigidas para um fim. Do mesmo modo que quando falamos de conteúdos conceituais fazemos referência não apenas a conceitos, mas também a fatos e a princípios, ou quando falamos de conteúdos atitudinais nos referimos também a valores e normas, ao falar de conteúdos procedimentais aludimos a um conjunto de "saber fazer" – técnicas, habilidades, destrezas, estratégias – que apresentam características comuns, mas também traços diferenciais. Algo semelhante a um conjunto formado por distintos subconjuntos, com limites que não se encontram perfeitamente delimitados e que, de qualquer forma, são permeáveis. Poderíamos dizer que todo método ou estratégia é um conteúdo procedimental, mas nem todos os conteúdos procedimentais são métodos ou estratégias, já que também o são as técnicas, as regras e as destrezas.

Os traços distintivos de um conteúdo procedimental, remetendo-nos à formulação que Valls (1990, p. 56) faz:

- Referem-se a um curso de ação, um caminho, um processo, uma seqüência, uma operação ou uma série de operações.
- Deve haver uma ordem determinada que os presida (o curso de ação, o processo, etc.), de modo que algumas coisas sucedam as outras de acordo com critérios determinados.
- A intenção é obter um resultado ou chegar com êxito a uma meta.

Se aceitamos essa maneira de entender os conteúdos procedimentais, podemos incluir nesse conjunto de conteúdos o que Monereo (1991), Moreno (1989) e Pozo (1990) entendem por estratégias de aprendizagem; F. Hernández (1989) e F. X. Hernández e C. Trepat (1991) por procedimentos; Ashman e Conway (1990) por estratégias cognitivas ou o que, na tradição inglesa, se entende por *skills* e por *mental skills*.

Cada um se refere a um tipo diferente de conteúdo, mas tem em comum o fato de serem ações dirigidas a um objetivo e que podemos situar, sem dúvida nenhuma, na categoria do "saber fazer", ou seja, nos conteúdos procedimentais, embora aceitando que as diferenças são grandes o bastante para constituírem subgrupos claramente diferenciados.

DIFERENCIAÇÃO DOS DIVERSOS TIPOS DE CONTEÚDOS PROCEDIMENTAIS: PARÂMETROS PARA SUA CLASSIFICAÇÃO

Diferenciar os diversos tipos de conteúdo segundo sua natureza não é um trabalho academicista, mas algo oportuno na medida em que nos permite inferir como são aprendidos e, conseqüentemente, orienta-nos sobre o modo de ensiná-los. Valls (1990), em uma cuidadosa revisão, identifica uma série de conteúdos procedimentais e as características atribuídas a eles por diversos autores. As diferenças entre uns e outros são sutis e dependem, freqüentemente, dos distintos enfoques adotados; ao mesmo tempo, é difícil encontrar um consenso quanto ao significado de cada um dos termos.

Não é objetivo deste livro ir mais além na definição do que se deve entender por técnica, método, habilidade, estratégia, ou qualquer dos outros tipos de conteúdos procedimentais. Por outro lado, achamos, sim, que seria conveniente introduzir certos parâmetros que nos ajudassem a situar os diferentes conteúdos procedimentais em relação a algumas das características que os definem. Isso permitirá aprofundar-nos na peculiaridade desses conteúdos e, ao mesmo tempo, relativizar o acréscimo de um determinado conteúdo procedimental a um termo ou a outro. Veremos que muitas vezes não há limites estritos que permitam diferenciar claramente entre o que é uma técnica, um método, um algoritmo ou uma destreza. Com um objetivo fundamentalmente esclarecedor, ao mesmo tempo que relativizador, buscaremos comparar conteúdos procedimentais, situando-os em distintos graus ou pontos de particulares parâmetros ou coordenadas.

Se nos detemos naquelas coisas que é preciso "saber fazer": ler, desenhar, observar, calcular, classificar, traduzir, recortar, saltar, inferir, perfurar, etc., veremos que podemos situá-las em diferentes lugares de três linhas contínuas.

Por um lado, podemos estabelecer o *continuum motor/cognitivo*, que daria conta da medida em que um conteúdo procedimental mostra uma vertente mais inclinada para capacidades motoras ou, no pólo oposto da mesma linha, uma vertente decididamente cognitiva (Figura 1). Deve ficar claro que se trata de um *contínuum* e que, efetivamente, podemos encontrar um mesmo conteúdo procedimental no qual as vertentes motora e cognitiva encontram-se presentes ao mesmo tempo. Dos conteúdos citados, poderíamos situar em diferentes lugares dessa linha contínua saltar, recortar, perfurar, mais próximo do extremo motor, e inferir, ler, traduzir, mais próximo do cognitivo.

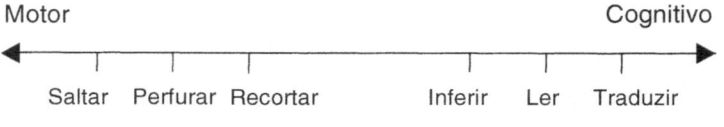

Figura 1

Um segundo eixo estaria determinado pelo *número de ações* que intervém na execução de um conteúdo procedimental (Figura 2). Assim, teremos certos conteúdos procedimentais compostos por poucas ações e outros por múltiplas ações. Saltar, perfurar, algum tipo de cálculo ou de tradução, poderiam se situar próximos do extremo de poucas ações e, por outro lado, ler, desenhar, observar, etc., mais próximos daquele de muitas ações. O *continuum poucas ações-muitas ações* tem sido muito utilizado para determinar a possível dificuldade de um conteúdo procedimental.

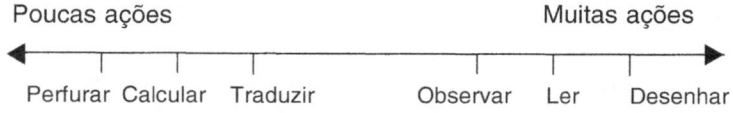

Figura 2

O terceiro parâmetro seria aquele que tivesse presente o grau de predeterminação da ordem das seqüências, ou seja, o *continuum algoritmo/heurístico* (Figura 3), no qual se encontrariam mais próximos do extremo algoritmo aqueles conteúdos nos quais a ordem das ações é sempre a mesma – ou é mais normatizada. No extremo contrário estariam aqueles conteúdos procedimentais em que as ações a serem realizadas e o próprio modo de organizá-las dependem, em cada caso, das características da situação na qual devem ser aplicados, como as estratégias de leitura ou a maioria das estratégias cognitivas de aprendizagem. Esses últimos conteúdos procedimentais se caracterizam, entre outras coisas, pelo fato de que implicam tomar numerosas decisões e, portanto, um elevado grau de direção e controle (pensamento estratégico).

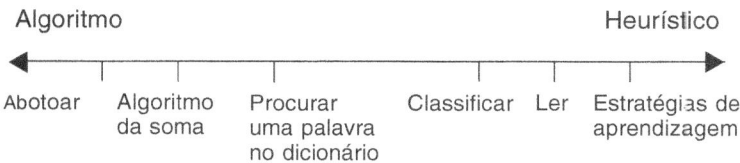

Figura 3

Qualquer conteúdo procedimental pode situar-se em algum lugar desses três *continuum*, mas é difícil estabelecer o limite entre uns conteúdos e outros. Ao colocar as três linhas que formam os eixos em um diagrama em três dimensões veríamos que a delimitação complica-se ainda mais. A leitura dessas figuras – onde vemos a localização de diversos conteúdos – torna manifesto que as tentativas de delimitação e, portanto, de definição dos diversos conteúdos procedimentais apresentam um caráter notavelmente relativo. Apesar disso, e levando em conta que nos movemos em classificações bastante indefinidas, é absolutamente pertinente avançar na caracterização e na diferenciação entre métodos, técnicas, habilidades e estratégias, porque isso nos permite também avançar para um tratamento educacional adequado e específico.

Contudo, o que gostaríamos de transmitir é a inutilidade das discussões, que, voltadas para uma melhor compreensão do fato educacional, centram-se na pertinência ou não de um termo ou outro em relação a um determinado conteúdo procedimental quando o necessário para ajudar os alunos a aprendê-lo é aprofundar-se na peculiaridade de cada um deles. Por esse motivo fazemos neste livro uma revisão de 42 conteúdos procedimentais de diferente tipologia e para cada uma das diversas áreas, buscando que em cada uma delas apareçam conteúdos de natureza diferente. Buscou-se que cada um tivesse suficiente representatividade e relevância educativa e que abrangesse um amplo leque, dos mais simples aos mais complexos, alguns com componentes claramente motores, outros mais cognitivos, alguns com estrutura algorítmica, outros de caráter fundamentalmente heurístico. De qualquer modo, devemos mencionar uma falta: o fato de ter apresentado esses conteúdos por áreas faz com que os conteúdos mais gerais, que abarcariam todas as áreas, não tenham sido tratados, embora muitos, como se poderá ver, não são específicos de uma só área.

PODE HAVER UMA DIDÁTICA ESPECÍFICA DOS CONTEÚDOS PROCEDIMENTAIS?

Como devem ser ensinados os conteúdos procedimentais? Em primeiro lugar, devemos nos perguntar se é possível, observando as diferenças entre os diversos conteúdos, fazer uma proposta generalizável; se existe algum denominador comum que permita construir alguns critérios didáticos para todos eles. Pelo que pudemos ver, existem diferenças suficientes para que o grau de generalização mova-se em termos bastante indefinidos. Mas, mesmo assim, os traços comuns são suficientemente característicos para fazer uma primeira aproximação geral sobre as considerações a serem levadas em conta na hora de estabelecer determinadas propostas de ensino/aprendizagem. Sem dúvida, será necessário um trabalho posterior muito mais específico e ajustado às características concretas de cada um dos diferentes tipos de conteúdos procedimentais, tanto em relação às diferenças tipológicas quanto à sua inserção disciplinar.

Levando em conta o que dissemos, na hora de estabelecer seqüências de ensino/aprendizagem para os conteúdos procedimentais, poderíamos fazer uma série de considerações, todas elas estreitamente relacionadas, mas que se referem, em geral, ao que implica aprender um conteúdo deste tipo e o que, conseqüentemente, envolve o seu ensino.

A APRENDIZAGEM DOS CONTEÚDOS PROCEDIMENTAIS

O que implica aprender um conteúdo procedimental provém de seu caráter de "saber fazer":

a) *Realização de ações*
Se prestamos atenção na definição, vemos que os conteúdos procedimentais são *conjuntos de ações ordenadas e com finalidade*. Como se aprende a realizar ações? A resposta parece óbvia: fazendo-as. Falar, aprende-se falando; caminhar, caminhando; desenhar, desenhando; observar, observando (claro que aprendemos porque temos modelos, porque nos são oferecidas as ajudas adequadas, porque nos vemos obrigados a utilizar o aprendido em múltiplos contextos, etc.). Apesar da obviedade da resposta, em uma escola onde tradicionalmente as propostas de ensino foram expositivas, tal afirmação não se sustenta. Hoje, ainda é normal encontrar textos escolares que partem do princípio de que memorizando os diferentes passos de, por exemplo, uma pesquisa científica, seremos capazes de realizar pesquisas, ou que pelo fato de conhecer as regras sintáticas saberemos escrever ou falar. Não faz muito, um eminente lingüista afirmava que nós, os cidadãos deste país, não sabíamos falar e culpava o ensino por essa situação. Pois bem, esse lingüista foi e é um dos autores de texto mais utilizados. Com seus livros numerosas gerações de alunos "aprenderam" a falar, com textos em que quase nunca aparecem atividades de expressão oral. Seus textos são bons tratados, mas

apenas tratados de Lingüística. De suas propostas decorre que, para utilizar a língua, é suficiente "saber" língua.

Assim, pois, podemos tirar uma primeira conclusão que, embora óbvia, é necessária: os conteúdos procedimentais são aprendidos realizando as ações que os conformam.

b) *Exercitar-se*

Mas, como também confirma nossa experiência, não basta realizar alguma vez as ações que conformam um conteúdo procedimental. É necessário que estas sejam suficientes para que cada aluno chegue a dominá-las, o que envolve exercitar as diferentes ações ou passos desses conteúdos de aprendizagem tantas vezes quantas seja preciso. Tal afirmação, também aparentemente óbvia, não o é tanto quando observamos o desenvolvimento de muitas propostas de ensino, sobretudo as que se referem aos conteúdos procedimentais mais complexos, como as estratégias. É fácil encontrar, na tradição escolar, um trabalho persistente de alguns tipos de conteúdos, geralmente mais mecanizáveis e, pelo contrário, um trabalho superficial de outros conteúdos mais difíceis de dominar.

Essa consciência da necessidade de se exercitar nos permite, ao mesmo tempo, apreciar os diferentes ritmos de aprendizagem e, portanto, a necessidade de estabelecer diferentes tipos e número de atividades, conforme as características diferenciais dos meninos e as meninas, assim como dos conteúdos que devem aprender.

c) *Reflexão sobre a própria atividade*

Como também sabemos, não basta repetir um exercício, sem mais nem menos, para chegar a realizá-lo com competência. Para poder melhorar é necessário poder refletir sobre o modo como estamos realizando o exercício e sobre quais as condições ideais de seu uso. Dito com outras palavras, é imprescindível conhecer as chaves do conteúdo para que sua utilização seja otimizada. Assim, para progredir em nossa competência na escrita, não basta escrever muito, embora esta seja uma condição imprescindível; ter um instrumento de análise e reflexão – a morfossintaxe – ajudar-nos-á muito a melhorar nossas capacidades como escritores, sempre e quando sabemos, quer dizer, sempre e quando tivermos aprendido a utilizar tais recursos no próprio processo de escrita.

Essa consideração nos permite valorizar, por um lado, os conhecimentos teóricos envolvidos implicados no conteúdo procedimental que deve ser aprendido e, por outro, a necessidade de que esses conhecimentos estejam em função do uso, ou seja, de sua funcionalidade. Não é suficiente conhecer o marco teórico, o nível de reflexão, mas, sim, que essa reflexão seja feita sobre a própria atuação. Os exercícios requerem um suporte reflexivo adequado que nos permite analisar nossos atos e, conseqüentemente, melhorá-los. Isso quer dizer: ter um conhecimento significativo dos conteúdos conceituais, associados ao conteúdo procedimental que se exercita ou se aplica.

d) *Aplicação em contextos diferenciados*
Aquilo que aprendemos será mais útil, ou seja, mais potente, na mesma medida em que possamos utilizá-lo em situações nem sempre previsíveis. Essa necessidade torna imprescindível que os exercícios sejam o mais numerosos possíveis e se realizem em contextos distintos, de modo que as aprendizagens possam ser utilizadas sempre que requeridas. Tal afirmação, também bastante evidente, não é fórmula comum em muitas propostas de ensino. Muitas vezes observa-se a aprendizagem de algumas estratégias ou técnicas realizando-as mediante exercícios exaustivos, sem variar muito o contexto de aplicação. Isso é freqüente em muitas estratégias cognitivas que são trabalhadas insistentemente utilizando um só tipo de atividade ou numa área específica. Chega-se a acreditar que, pelo fato de ser aprendida em certas condições, tal habilidade será transferida a outras quase que mecanicamente. Nesses sentido, é sintomático o discurso já conhecido que considera como quase imediata a transferência das capacidades de "raciocínio" da Matemática: aquele que sabe raciocinar em Matemática será capaz de fazê-lo em qualquer circunstância.

O ENSINO DOS CONTEÚDOS PROCEDIMENTAIS

A peculiaridade da aprendizagem dos conteúdos em questão nos impõe algumas condições que tratamos de mostrar:

e) *Partir de situações significativas e funcionais*
Para que o conteúdo possa ser aprendido com a intenção de que sejamos capazes de utilizá-lo quando conveniente, é imprescindível que esse conteúdo tenha sentido para nós. Devemos saber para que serve, qual é sua função, ainda que seja para poder realizar uma nova aprendizagem. Se não conhecemos sua função, o conteúdo procedimental será aprendido, mas não saberemos utilizá-lo na ocasião própria.

No caso dos conteúdos procedimentais, são trabalhados, muitas vezes, prescindindo de sua função, insiste-se na sua aprendizagem, mas não no fim ao qual estão relacionados... Assim, encontramos trabalhos repetitivos e, portanto, esgotantes, cujo único sentido parece ser o domínio do conteúdo procedimental por si mesmo.

f) *Progresso e ordem*
Para que a ação educativa seja o mais proveitosa possível é necessário que as atividades de ensino/aprendizagem realizadas correspondam, quanto mais melhor, a uma seqüência clara, com uma ordem de atividades que atenda a um processo gradual. Essa consideração, que é visível nos conteúdos mais algorítmicos, como o cálculo, onde o processo do mais simples ao mais complexo é uma constante, não o é, entretanto, na maioria dos outros conteúdos procedimentais. Um exemplo bastante evidente é o do ensino da observação. Hoje em dia,

encontramos, principalmente nas áreas de Ciências Sociais e Naturais, propostas de atividades sistemáticas de observação. Mas se analisamos as características das atividades propostas ao longo das diferentes unidades didáticas nas quais a observação aparece, nos daremos conta de que normalmente não correspondem a uma ordem de dificuldade determinada. Existem atividades e exercícios, mas não uma ordem progressiva que favoreça sua aprendizagem além da simples repetição.

g) *Apresentação de modelos*
Estreitamente ligada à consideração anterior encontramos a necessidade de apresentar, primeiramente, modelos de como deve ser realizado o conteúdo de aprendizagem. Modelos em que se possa ver todo o processo, que apresentem uma visão completa das distintas fases ou ações que os compõem, para passar, posteriormente, se a complexidade do conteúdo assim o exigir, ao trabalho sistemático das diferentes ações que o compõem.

Tais modelos não deverão ser realizados apenas no início do trabalho de aprendizagem, mas, sempre que convenha, em diferentes situações e contextos.

h) *Prática orientada e ajudas de diferentes graus*
O progresso e a ordem nas seqüências de ensino/aprendizagem, no caso dos conteúdos procedimentais, serão determinados, na maioria das vezes, pelas características das ajudas oferecidas ao longo da aplicação do conteúdo. Assim, em muitos casos, a estratégia mais apropriada será a de, após ter apresentado o modelo, proporcionar ajudas ao longo das diferentes ações, para ir retirando-as progressivamente. Agora, a única maneira de decidir o tipo de ajuda a proporcionar e a oportunidade de manter, modificar ou retirar, consiste em observar e orientar os alunos em um processo de prática dirigida, na qual poderão, de forma progressiva, ir assumindo o controle, a direção e a responsabilidade na execução em questão.

i) *O trabalho independente*
Estreitamente ligado ao que comentávamos no ponto anterior, o ensino de conteúdos procedimentais implica que os aprendizes tenham a oportunidade de levar a cabo realizações independentes, em que possam mostrar sua competência no domínio do conteúdo aprendido. O trabalho independente é, por um lado, a meta perseguida pela prática orientada e, por outro lado, assume sua verdadeira complexidade quando se aplica a contextos diferenciados (ver ponto d).

À GUISA DE CONCLUSÃO

Brevemente, a reflexão sobre os conteúdos procedimentais permite tornar manifesta a variedade de conteúdos que podemos incluir nessa categoria, assim como o fato de que têm certas características comuns derivadas de sua natureza de "saber fazer". Vimos que devemos aprender a fazer muitas coisas e que na escola devemos ensinar a fazê-las. E vimos também que aprendê-las e ensiná-las requer considerar a natureza específica dos conteúdos procedimentais, que comportam uma certa forma de entender a intervenção educativa, pela qual pretendemos favorecer e ajudar o processo de aprendizagem dos alunos.

A característica de "saber fazer" não se assemelha a "fazer porque sim"; o fato de nos referirmos à *realização de ações e de exercícios de reflexão sobre a própria atividade e de aplicação em contextos diferenciados* torna claro o caráter necessariamente *significativo e* funcional que deve ter a contribuição desses tipos de conteúdo. Esse caráter contempla o ensino dos conteúdos conceituais. Do mesmo modo, "saber fazer" não se assemelha a "praticismo" nem a algo a que se chegam espontaneamente os conteúdos não-ensinados e aprendidos em situações educativas nas quais se ajuda a ver o *sentido* do que se realiza, nas quais os professores mostram como se deve fazer e onde *ajudam de maneira diversa* os alunos para que cheguem a dominar os conteúdos de forma *independente*.

Tais aspectos gerais não querem ocultar as diferenças essenciais entre os diferentes tipos de conteúdos procedimentais. Portanto, tal como dizíamos no início destas considerações didáticas, deve-se entender que haverá conteúdos que terão aplicações quantitativamente diferenciadas. Assim, por exemplo, para aqueles que tenham um conteúdo mais algorítmico, o que se disse sobre a aprendizagem das fases e sua graduação será muito mais pertinente do que para aqueles conteúdos mais heurísticos. Quando o comportamento conceitual do conteúdo procedimental for básico, a reflexão sobre o processo que se segue será muito mais importante, etc. Essas diferenças e a necessidade de considerá-las no tratamento didático tornar-se-ão mais claras na segunda parte do livro, onde se expõem propostas de desenvolvimento de 42 conteúdos procedimentais do Ensino Fundamental*.

---

* N. de T. As propostas apresentadas pelos autores abrangem o ensino primário do sistema educacional espanhol, que tem seis anos de duração. Optamos por traduzir como Ensino Fundamental (oito anos), uma vez que as propostas apresentadas também podem ser utilizadas além da 6ª série.

REFERÊNCIAS BIBLIOGRÁFICAS

ASHMAN, A.; CONWAY, R. (1990) *Estrategias cognitivas en educaión especial.* Madrid: Santillana.
COLL, C. (1986) *Marc Curricular per a l'Ensenyament Obligatori.* Barcelona. Departament d'Ensenyament de la Generalitat de Catalunya.
COLL, C.; VALLS, E. (1992) "El aprendizaje y la enseñanza de los procedimientos". In: COLL, C. et al.: *Enseñanza y aprendizaje de conceptos, procedimientos y actitudes.* Madrid: Aula XXI/Santillana.
"Didáctica de los procedimientos", In: *AULA de Innovación Educativa.* Monográfico, n. 3, Jun. 1992.
HERNÀNDEZ, F. (1989). "El lugar de los procedimientos". In: *Cuadernos de Pedagogía,* n. 172, pp. 20-23.
HERNÀNDEZ, F. X.; TREPAT, C. (1991). "Procedimientos en Historia". In: *Cuadernos de Pedagogía,* n. 193, pp. 60-64.
MERRILL, M. D. (1983). "Component Display Theory". In: REIGELHUT, CH. M. (ed.) Instruccional design: *Theories and models. An overwiew of their current status.* New Jersey: Hillsdale.
MONEREO, C. (comp.) (1991) *Enseñar a pensar a través del currículum escolar.* Barcelona: Casals.
MORENO, A. (1989) "Metaconocimiento y aprendizaje escolar". In: *Cuadernos de Pedagogía,* n. 173, pp. 53-58.
POZO, J. I. (1988) "Estrategias de aprendizaje". In: COLL, C.; PALACIOS, J.; MARCHESI, A. (comp.). *Desarrollo psicológico y educación, II. Psicología de la Educación.* Madrid: Alianza Editorial, pp. 199-221.
VALLS, E. (1990) *Ensenyança i aprenentatge de continguts procedimentals. Una proposta referida a l'Àrea de la Història.* Tese doctoral. Universitat de Barcelona.
—— (1992): "Els procediments". In: MAURI, T. et al.: *Els continguts escolars. El tractament en el currículum.* Barcelona: Graó/ICE de la UB. (MIE, Materials Curriculars 2.)

1
Conhecimento do Meio Natural
Ignasi Oró

OS CONTEÚDOS PROCEDIMENTAIS NA ÁREA DO MEIO NATURAL

De que nos serve ir à escola se esta não nos prepara para enfrentar as situações do dia-a-dia, se não nos permite compreender melhor o que acontece à nossa volta? Esta pergunta constitui a principal preocupação de muitos professores do ensino fundamental, e grande parte de sua tarefa educacional foi dirigida a aprendizagens que preparem para a vida. A incorporação dos procedimentos como conteúdos curriculares, proposta pelas administrações educacionais, dentro do marco da atual reforma educacional*, é um bom modo de avançar nessa linha.

Levando em conta as dificuldades para a aprendizagem compreensiva nessa área, é muito fácil decidir-se por um processo de ensino/aprendizagem exclusivamente dedicado aos fatos e aos conceitos: possivelmente trataremos de todos os conteúdos conceituais dos programas de ensino. Mas que proveito os alunos tirarão disso? Poderão aplicar esses conceitos a situações cotidianas para se adaptarem melhor ao seu meio? Enfrentarão com êxito os estudos científicos posteriores?

Convém refletir sobre o significado de ciência experimental para depois estabelecer uma conexão com a realidade educacional do ensino fundamental. Estamos acostumados a ouvir falar da ciência e da técnica como dois aspectos

---

* N. de R.T. Refere-se à reforma do sistema educacional espanhol, de acordo com a nova Lei Orgânica de Ordenamento Geral do Sistema Educacional (LOGSE).

distintos, embora se dê a entender que fazem parte de uma mesma realidade. Segundo essa orientação, pode-se dizer que a ciência acumula o conhecimento teórico e que a técnica encarrega-se de fazer realizações concretas a partir das teorias aceitas pela ciência.

Essa dicotomia entre teoria e prática está muito presente em nossa sociedade e, em especial, na aprendizagem científica, tem conseqüências importantes na prática educativa: o processo de aprendizagem científica costuma reduzir-se a uma acumulação de conteúdos conceituais, deixando de lado os aspectos técnicos e os aplicados.

Os conhecimentos que os alunos devem adquirir em Ciências Naturais, ao longo do ensino fundamental, não podem ser propostos como um acúmulo de conceitos organizados em sistemas conceituais (leis ou teorias).

Se falamos de outros níveis educacionais superiores, a situação se coloca em outros termos, já que as capacidades pessoais e a experiência acumulada ao longo dos anos permitem um enfoque mais abstrato dos problemas e das situações. De qualquer forma, um enfoque estritamente abstrato tampouco é possível, já que, para aprender Ciências Naturais, é preciso ter contato com a realidade e não unicamente com as produções da mente humana, por mais bem elaboradas que sejam.

Outorgar uma especial relevância aos procedimentos quando falamos da aprendizagem das Ciências Naturais significa tentar integrar a teoria com a prática ou, dito de outro modo, permitir o desenvolvimento dos conhecimentos conceituais e dos procedimentos ao mesmo tempo. Se a escola não leva em conta esses dois aspectos, perde grande parte de seu significado como instituição educacional.

Para aprender Ciências Naturais é necessário ter contato com a realidade para interiorizar o mundo que nos rodeia: estudar o que acontece, anotar, discutir com os companheiros ou com os professores, comparar fatos semelhantes, acompanhar um processo desde o princípio até o final, etc. O contato com a realidade é fundamental para aprender Ciências Naturais. Não podemos esperar que um aluno ou aluna de 7 anos que vive em um meio urbano explique-nos que parte da planta é uma raiz se nunca viu ou ouviu falar disso em nenhum momento. No nível educacional do ensino fundamental, o modo pelo qual melhor se aprende um conteúdo é fazendo com que as crianças utilizem os procedimentos próprios do trabalho científico, investiguem e descubram a realidade tal como ela é.

Se não conseguimos criar uma relação entre conhecimentos declarativos e conhecimentos procedimentais, dificilmente os alunos poderão realizar uma aprendizagem que lhes seja útil. Se não têm contato com a realidade, não poderão construir os conceitos, e, se baseamos a didática em um enfoque abstrato, possivelmente conseguiremos a desmotivação em determinada área do conhecimento potencialmente muito atrativa nessa etapa da educação.

OS CONTEÚDOS PROCEDIMENTAIS EM RELAÇÃO AOS OUTROS TIPOS DE CONTEÚDOS

Há três ingredientes básicos que devem estar presentes na aprendizagem das Ciências Naturais: os conhecimentos conceituais, as metodologias científicas e de trabalho e as atitudes científicas, devendo considerar os três ao longo do ensino fundamental.

Para poder captar a realidade com objetividade dependemos das intervenções que faremos sobre os objetos e sobre os seres vivos. É por esse motivo que convém muita experiência e, portanto, uma educação nesse sentido.

A seguir, propõem-se algumas orientações gerais para elaborar a programação de aulas, levando-se em conta o peso específico de cada tipo de conteúdo.

Embora seja certo que é preciso empreender os três tipos de conteúdos ao longo de todo o ensino fundamental, também o é que seu peso específico ao longo da etapa pode não ser exatamente o mesmo.

É impossível a aprendizagem das Ciências Naturais se não tivermos contato com a realidade. Os conceitos que devem ser aprendidos são construídos por meio de experiências concretas estabelecidas com os objetos e os seres vivos de nosso ambiente. Tais experiências requerem o uso de procedimentos mais simples ou mais complexos, assim como uma atitude positiva e entusiasta para com a própria tarefa a realizar. Se não buscamos respeitar essas relações entre conceitos, procedimentos e atitudes, as crianças não poderão aprender nem os conceitos fundamentais, nem os procedimentos específicos da metodologia científica, nem aquelas atitudes necessárias para a aprendizagem das Ciências Naturais. De qualquer modo, o farão de forma parcial e pouco coerente, impedindo uma formação científica básica.

Levando em conta diversos fatores, pode-se dizer que, durante os primeiros anos, é fundamental potencializar tanto as atitudes positivas para com as Ciências Naturais e a metodologia científica quanto aqueles procedimentos simples e à altura das possibilidades dos alunos. Se possibilitarmos esses dois aspectos, viabilizaremos a aproximação com a realidade e, portanto, será realizada uma aprendizagem científica com êxito.

Nas últimas séries, apesar de manter esse enfoque genérico, dar-se-á mais ênfase aos conteúdos conceituais. A boa predisposição e a experiência acumulada nos anos anteriores, assim como a própria capacidade dos alunos, permitirão que se aprofunde a construção dos conceitos. É óbvio que os conceitos mais simples podem ser introduzidos nas primeiras séries, mas é preciso ter cuidado com aqueles que podem ficar como palavras vazias de conteúdo. Mesmo assim, tratar determinados conceitos requer o uso de procedimentos científicos muito complexos para serem trabalhados com crianças dos primeiros anos (alguns, inclusive, para a quarta série do ensino fundamental). A aquisição de certas normas e certas atitudes é um processo lento e estas são, com freqüência, imprescindíveis para a assimilação dos conceitos.

CONTEÚDOS PROCEDIMENTAIS MAIS SIGNIFICATIVOS

Claro que facilmente concordaremos em incluir nos conteúdos procedimentais de Ciências Naturais todos aqueles que utilizamos na aula-laboratório, assim como aqueles relacionados com o trabalho de campo. Por exemplo, a classificação de folhas segundo sua borda, ou a transferência correta de água ou álcool de uma proveta para um copo de precipitação, ou a realização de um *croquis* adequado para o estudo do ambiente natural, além da coleta sistemática de dados para estudar aspectos geológicos do meio.

A seguir, expõe-se uma visão que amplia o conjunto dos conteúdos procedimentais que devem ser trabalhados durante essa etapa educação. Optou-se por apresentar uma proposta de classificação que nos permita uma visão de conjunto da situação[1].

- *Procedimentos relacionados com o trabalho experimental:* Utilização de ferramentas, instrumentos e aparelhos. Montagem de dispositivos, como máquinas simples, circuitos elétricos ou casas para animais. Observação direta ou indireta. Mensuração de distintas magnitudes. Coleta sistemática de dados. Descrição de espécies com o vocabulário adequado. Descrição de fenômenos físicos ou químicos. Classificação. Identificação de variáveis em processos simples. Formulação de hipóteses sobre as causas ou as conseqüências de um determinado fenômeno.
- *Procedimentos relacionados com a informação e com a comunicação:* Uso correto do vocabulário científico básico. Expressão adequada das aprendizagens e dos resultados das experiências. Extração de informação dos livros, de documentos audiovisuais e de artigos de jornais.
- *Procedimentos relacionados com a conceituação e a aplicação dos conceitos aprendidos:* Montagem de esquemas conceituais. Síntese de informações diversas. Construção dos conceitos científicos básicos a partir de fatos e fenômenos observáveis.

Sob a perspectiva do ensino obrigatório, está claro que devemos adaptar os conteúdos procedimentais às necessidades reais dos alunos, de modo que essas aprendizagens lhes sirvam para se adaptarem melhor ao meio, orientando, ao mesmo tempo, sua formação para que lhe proporcione uma sólida base para as aprendizagens procedimentais de estudos superiores.

Não podemos nos esquecer da importância da atitude do professor, já que esta é fundamental para a motivação de cada aluno. Sem motivação, qualquer enfoque didático é estéril.

DISSECAÇÃO

Podemos definir a dissecação como um conjunto de ações que permitem abrir um ser vivo e separar suas partes para realizar um estudo da Anatomia e/

ou de Fisiologia de seu organismo. Baseia-se na correta manipulação de pinças, tesouras, agulhas de dissecação, lancetas e bisturi. Para poder dominá-la, deve-se adquirir habilidade depois de muita prática. Alguns alunos têm nisso mais destreza do que outros, como ocorre também com os demais aspectos da aprendizagem.

Importância de sua aprendizagem

Esse procedimento implica conhecer os instrumentos utilizados: conhecer seu nome, sua utilidade e usá-los corretamente. Igualmente, é preciso conhecer em que ordem devem ser dados os passos, já que, de outro modo, estragaríamos o material de estudo. O objetivo último, nesse sentido, é conseguir que os alunos tenham capacidade de traçar os passos a serem realizados frente a um ser vivo para conhecer um órgão ou sua anatomia interna em geral.

Grau e tipo de aprendizagem a alcançar no ensino fundamental

Durante a primeira série e parte da segunda, as atividades de aprendizagem serão demonstrações feitas pela professora ou professor. A manipulação inadequada dessas ferramentas pode provocar acidentes e uso incorreto. Nas duas séries seguintes, pode-se introduzir manipulações simples dessas ferramentas, fazendo dissecações de órgãos vegetativos de plantas e também estudando a anatomia interna dos peixes. Ao longo da quinta série, podem-se realizar manipulações mais complexas à base de órgãos de aves ou mamíferos, incorporando o uso do bisturi para fazer cortes mais precisos do que com a tesoura. Também será adequado fazer a dissecação de flores e frutos. Na sexta série, os alunos deverão propor, realizar e interpretar os resultados de suas intervenções.

Uma seqüência de ensino/aprendizagem

- *Nível apropriado*
  Quarta série.

- *Objetivos referenciais*
    - Utilizar corretamente a tesoura, a agulha de dissecação e a lanceta.
    - Seguir as indicações dadas pelo professor na realização da dissecação.
    - Identificar os órgãos principais e fazer uma descrição deles.

- *Conteúdos conceituais e atitudinais associados*
    – Conceituais
        - Morfologia externa e anatomia interna de um peixe.
    – Atitudinais
        - Respeito pelo trabalho de grupo e opinião dos colegas.
        - Valorização do trabalho bem realizado.

- *Conhecimentos prévios*
  - Nome e utilidade básica de cada um dos utensílios.
  - Noções básicas sobre anatomia interna dos peixes.
  - Significado da dissecação como técnica de estudo dos seres vivos.

- *Atividades de ensino/aprendizagem*
  1. Discussão sobre a importância das dissecações na história da Biologia e da Medicina. Exemplos concretos e episódios interessantes.
  2. Questionário individual. Descrição de cada uma das ferramentas: de que material foram feitas? Que forma têm? Qual é a utilidade?
  3. Trabalho experimental em grupo. Dissecação de um peixe com o auxílio de um roteiro muito detalhado.
  4. Trabalho individual. Elaboração de um esquema comentado sobre os passos dados para realizar a dissecação. Utilização do vocabulário científico, tanto no que se refere à dissecação como à anatomia interna do peixe.

GENERALIZAÇÃO DE CONCEITOS

Pode-se entender a generalização de conceitos como um processo cognitivo no qual as características dos conceitos trabalhados se estendem a outros objetos de estudo semelhantes àqueles. É um processo que vai do mais particular ao mais geral, mediante a indução, e que, uma vez dominadas as leis gerais, pode-se inverter, passando do geral ao particular, mediante a dedução.

Importância de sua aprendizagem

Ao longo do ensino fundamental deve-se procurar que os alunos utilizem com certa fluência esse procedimento, já que, de outro modo, uma das aspirações básicas da aprendizagem das Ciências não será alcançada. Tal procedimento representa um ponto de conexão evidente com os fatos, conceitos e sistemas conceituais como conteúdos curriculares.

Grau e tipo de aprendizagem a alcançar ao longo do ensino fundamental

Devemos introduzi-lo de forma cíclica, já que, até terminado o fundamental, os alunos não irão dispor do desenvolvimento intelectual necessário para enfrentar esse campo da aprendizagem com o grau de profundidade necessária aos conceitos mais abstratos. As atividades em que estejam presentes os conteúdos procedimentais relacionados com o trabalho experimental ajudarão, em grande medida, a construir essa parte do conhecimento.

Se, ao longo das séries, conseguirmos que os alunos cheguem a um bom domínio do trabalho experimental básico, favoreceremos, com isso, a generalização de conceitos.

Uma seqüência de ensino/aprendizagem

Será realizada a generalização de conceitos sobre as propriedades características de um ecossistema.

- *Nível apropriado*
  Sexta série.

- *Objetivos referenciais*
    - Diferenciar as propriedades que definem um ecossistema daquelas que não o são a partir de espaços concretos.
    - Fazer generalizações, tais como a constatação das características principais dos ecossistemas.
    - Saber discriminar, entre espaços físicos concretos, os que podem ser considerados ecossistemas e os que não.
- *Conteúdos conceituais e atitudinais associados*
    – Conceituais
      - A conceituação.
    – Atitudinais
      - Interesse pelo conhecimento, pela compreensão e pela defesa do patrimônio natural.

- *Conhecimentos prévios*
    - Conhecimentos gerais sobre a classificação dos seres vivos.
    - Iniciação das técnicas de trabalho de campo.

- *Atividades de ensino/aprendizagem*
  1. Estudo de cadeias e redes tróficas conhecidas pelas crianças da classe a partir de fotografias e desenhos.
  2. Construção de um aquário: análise e discussão sobre os elementos constitutivos e sobre as relações entre os fatores bióticos e abióticos.
  3. Saída de campo: estudo sobre o terreno de dois ecossistemas diferentes. Observação de suas características e das relações estabelecidas entre seus elementos.
  4. Elaboração, em pequenos grupos, de dois desenhos esquemáticos referentes a cada um dos ecossistemas estudados durante o trabalho de campo.
  5. Exposição dos esquemas, socializando as produções de cada grupo.
  6. Trabalho de grupo a partir de fotografias de paisagens naturais, formulando hipóteses sobre as prováveis características dos ecossistemas existentes.
  7. Elaboração de conclusões sobre os aspectos descritivos dos ecossistemas.

IDENTIFICAÇÃO DE UMA VARIÁVEL

No trabalho experimental, identificar e analisar uma variável é tarefa bastante freqüente, embora possa parecer muito complexa. Para mover um corpo devemos fazer tanto mais força quanto mais massa este tenha: dar-se conta desse fato tão comum nada mais é que identificar uma variável.

Importância de sua aprendizagem

Introduzir-se nos processos científicos, e em seu domínio, não apenas requer observação e coleta de dados, mas também análise e discussão. Devemos introduzir os alunos nessa dinâmica se quisermos que alcancem um grau adequado de maturidade científica.

Grau e tipos de aprendizagem a alcançar ao longo do ensino fundamental

Durante as duas primeiras séries, deve-se favorecer as atividades que permitam estabelecer relações de causa-efeito, aumentando de forma gradual a complexidade de tais situações (por exemplo: relacionar o aumento da temperatura da água posta ao fogo com o fogo, que atua como fonte de energia). No decorrer da quarta e da quinta séries, é preciso propor situações experimentais simples que permitam a elaboração de gráficos para melhor observar o comportamento das variáveis. Na sexta série, devem ser estudadas situações reais para dar-se conta de que diversas variáveis atuam ao mesmo tempo para determinar um fenômeno.

Uma seqüência de ensino/aprendizagem

A proposta de trabalho procedimental está centrada na água e nas plantas.

- *Nível apropriado*
Primeira série.

- *Objetivos referenciais*
    - Identificar a água como um fator determinante para a vida de uma planta.
    - Comparar a resposta de diferentes plantas à falta de água.
    - Relacionar os seres vivos com os fatores ambientais.

- *Conteúdos conceituais e atitudinais associados*
    – Conceituais
        - Um fator ambiental como exemplo de variável.
        - Comportamento das plantas em relação à água.

- O papel "social" das plantas.
– Atitudinais
  - Respeito pelas plantas e valorização do papel que desempenham no interior das casas.
  - Valorização da água como elemento de vida para as plantas.

- *Conhecimentos prévios*
Não são necessários. É suficiente a experiência pessoal dos alunos sobre isso.

- *Atividades de ensino/aprendizagem*
1. Verbalização de experiências pessoais sobre a vida das plantas.
2. Trabalho individual. Desenho de uma planta o mais detalhado possível.
3. Observação de um grupo de plantas, metade do qual não devemos regar. Convém escolher plantas que sejam muito sensíveis à falta de água, já que, desse modo, os efeitos serão mais visíveis. Deve-se anotar os resultados em uma tabela com símbolos desenhados. Devem-se ter duas plantas de cada espécie para que a comparação seja mais simples.
4. Comentário da turma sobre os resultados observados. Elaboração de conclusões, em primeiro lugar por parte dos alunos e, em segundo lugar, pelo professor, a partir dos elementos oferecidos pela turma. Para cada par de plantas expostas a diferentes condições, pode-se comparar o aspecto dos talos, das folhas e das flores (se as têm). Ao mesmo tempo, pode-se comparar a textura da terra, tocando-a. A seguir, deve ser feita uma reflexão sobre a importância da água para a vida das plantas.
5. Construção de um mural, a partir de recortes de fotografias de árvores autóctones adaptadas a diferentes necessidades de água. Entre as de lugares secos, destacam-se o palmito, o pinheiro, a araucária ou a algarobeira. Entre os de lugares úmidos, a faia, o castanheiro, o choupo ou o olmo.

MONTAGEM DE UM CIRCUITO ELÉTRICO

No trabalho experimental, têm grande importância os procedimentos manipulativos em que intervêm diversas ações concatenadas, como no caso da montagem de um circuito elétrico.

Importância de sua aprendizagem

A coordenação de diversas ações, que representa um grau de desenvolvimento de habilidades muito grande, obrigará os alunos a trabalharem com diferentes estratégias manipulativas e intelectuais. Permitirá que se dêem conta de que as peças de um sistema devem ser colocadas em uma ordem adequada, já que, de outro modo, ele não funcionará corretamente. Por outro lado, poderemos trabalhar a representação gráfica de um dispositivo real com símbolos adequados, conteúdo bastante motivador. Tais conhecimentos práticos embasam a interpretação dos fenômenos elétricos caseiros. Deve-se ter muito cuidado com as aplicações simplistas, que podem acabar em acidentes, levando em conta o perigo intrínseco da corrente alternada doméstica.

Grau e tipo de aprendizagem a alcançar ao longo do ensino primário

A manipulação e o contato com pilhas e lâmpadas permitirá a familiarização com os fenômenos que delas derivam. Comparar o sistema pilha-lâmpada combinando pilhas de diferentes voltagens e lâmpadas com diferentes resistências ajudará a preparar o terreno para a construção de circuitos simples, ao longo da quinta e sexta-séries. Convém deixar uma margem de atuação para estimular a criatividade, já que esse tema presta-se a isso.

Uma seqüência de ensino/aprendizagem

Propõe-se trabalhar o conteúdo procedimental correspondente na unidade didática "Pilhas e lâmpadas".

- *Nível apropriado*
Terceira série.

- *Objetivos referenciais*
    - Manipular os elementos básicos de um circuito elétrico.
    - Saber montar um circuito elétrico simples.

- *Conteúdos conceituais e atitudinais associados*
    – Conceituais
        - A energia elétrica e os circuitos simples.
        - Materiais condutores e isolantes.
        - A utilidade da eletricidade na vida social.
    – Atitudinais
        - Interesse pela manipulação, sem risco, de elementos elétricos sem risco.
        - Atitude positiva para com o consumo racional e não esbanjador de energia elétrica.

- *Conhecimentos prévios*
Não são necessários conhecimentos especiais. A experiência prévia dos alunos é suficiente.

- *Atividades de ensino/aprendizagem*
1. Demonstração por parte do professor: a lâmpada acende ao entrar em contato com a pilha.

2. Trabalho em grupo. Reprodução da demonstração por parte de cada membro do grupo. É preciso conectar bem as extremidades para que funcione.
3. Trabalho individual. Explicação, mediante um desenho, da experiência realizada.
4. Demonstração por parte do professor: circuito pilha-lâmpada e barra de grafite. Observação da passagem da corrente. Faz-se o mesmo com um pedaço de plástico. Comentário coletivo sobre a experiência.
5. Socialização de experiências pessoais sobre a importância da eletricidade em nossa sociedade.

APLICAÇÃO DE UMA FÓRMULA

Conhecendo as magnitudes que intervêm em uma expressão, o procedimento consiste em substituir os valores e, realizando as operações requeridas, encontrar o resultado. Aparentemente é simples, mas, por trás das expressões, há uma carga conceitual muito forte.

Importância de sua aprendizagem

É fundamental aprender sua utilização, já que em Física e em Química são imprescindíveis para poder avançar no conhecimento destas disciplinas.

Grau e tipo de aprendizagem a alcançar ao longo do ensino fundamental

Para conseguir bons resultados educativos, devemos trabalhar paralelamente uma série de aspectos: conhecimento das operações entre números, comportamento dessas operações, conhecimento das magnitudes que intervêm nas fórmulas.

A chave para a aprendizagem desse conteúdo procedimental está em diferenciar o trabalho prévio, que denominaremos qualitativo, do propriamente quantitativo ou mecânico, o qual já é, em si mesmo, a aplicação da fórmula. É preciso ter presente que existe uma diferença fundamental entre aplicar uma fórmula e conhecer seu significado científico e as implicações que tem. Apenas durante a quinta e a sexta séries utilizaremos algumas fórmulas simples, buscando os valores numéricos e enfocando o significado de tais resultados: é mais conveniente compreender poucas expressões do que aplicar muitas delas sem conhecer seus significados.

Não se pode separar a fórmula do trabalho experimental que levou a defini-la: são leis da natureza e, como tais, estão presentes na realidade.

Uma seqüência de ensino/aprendizagem

A aplicação da fórmula será realizada sobre a construção de um dinamômetro.

- *Nível apropriado*
  Quinta série.

- *Objetivos referenciais*
  - Construir um dinamômetro simples.
  - Utilizar uma fórmula simples.
  - Explicar com argumentos o significado de uma fórmula.

- *Conteúdos conceituais e atitudinais associados*
  – Conceituais
     - Significado das fórmulas.
     - Utilidade nas Ciências Naturais.
  – Atitudinais
     - Aceitação das fórmulas como leis da natureza.

- *Conhecimentos prévios*
  - Domínio das operações com números naturais.
  - Conhecimento de algumas relações entre variáveis simples.

- *Atividades de ensino/aprendizagem*
1. Discussão das idéias que os alunos têm sobre as fórmulas.
2. Exposição do professor: idéias básicas sobre o funcionamento de um dinamômetro.
3. Trabalho em grupo. Construção de um dinamômetro bem graduado.
4. Estudo com algumas peças calibradas da relação entre o peso (força) e a distensão da mola.
5. Dedução da fórmula $F = K1$ (F = força, K = constante da mola e 1 = distensão).
6. Aplicação da fórmula aos dinamômetros de outros grupos e comparação de resultados.

ESBOÇO DE UM PROJETO

Esboçar um projeto significa elaborar as linhas básicas de um plano que queremos realizar. Esse procedimento tem muita importância em Ciências Naturais, já que, freqüentemente, o estudo de determinados aspectos da natureza requer a aplicação de uma série de passos, ordenados de forma adequada. No trabalho experimental, o fato de utilizá-lo corretamente é imprescindível para a obtenção de bons resultados.

Importância de sua aprendizagem

Esboçar um projeto, por mais simples que seja, ajudará os alunos a aprenderem um dos procedimentos mais complexos dessa área. Quando o aplicamos, estamos estimulando a formulação de hipóteses, ao mesmo tempo em que lhes fazemos aplicar outras que já conhecem, tratando-as como um todo relacionado. Esses dois aspectos justificam de sobejo sua aprendizagem.

Grau e tipo de aprendizagem a alcançar ao longo do ensino fundamental

Levando em conta que não é um conhecimento procedimental específico de nenhuma série, é importante propiciar atividades envolvendo esse procedimento desde as primeiras séries, nas quais deveremos investir mais tempo, já que os alunos devem desenvolver todo o processo com tranqüilidade e com muito apoio por parte do professor. Em séries posteriores, iremos dificultando o tipo de projetos, considerando a maturidade geral dos meninos e meninas, bem como o domínio progressivo dos diferentes procedimentos. De ano em ano, deverá diminuir a intervenção do professor, sendo mais importante o papel dos próprios alunos. Mas deve-se dizer que, inclusive no sexto ano, o professor deverá conduzir a elaboração do plano, já que o grau de autonomia individual ainda não é suficiente, levando em conta a complexidade desse procedimento.

Uma seqüência de ensino/aprendizagem

Será realizado o esboço de um projeto sobre a conservação dos alimentos.

- *Nível apropriado*
Segunda série.

- *Objetivos referenciais*
    - Esboçar um plano de trabalho para fazer o estudo da deterioração dos alimentos.
    - Formular hipóteses sobre os fatores que determinam a conservação dos alimentos.
    - Observar periódica e sistematicamente o processo de deterioração dos diferentes tipos de alimento.
    - Aplicar as aprendizagens adquiridas na vida cotidiana.

- *Conteúdos conceituais e atitudinais associados*
    – Conceituais
        - Umidade, temperatura e conservação dos alimentos.
        - Experiências para o estudo da deterioração dos alimentos.
        - A conservação dos alimentos no dia-a-dia.

– Atitudinais
  - Interesse pela ordem e sistematicidade na aprendizagem.
  - Atitude favorável para com a conservação e o bom estado dos alimentos.

• *Conhecimentos prévios*
Convém que se tenham utilizado minimamente os procedimentos especificados no item dos objetivos referenciais. De outro modo, será difícil o acompanhamento das atividades, enquanto o rendimento educativo não será o desejável.

• *Atividades de ensino/aprendizagem*
1. Cada menino ou menina da turma trará um alimento de sua casa.
2. Elaboração e leitura de uma redação intitulada "A geladeira de minha casa". Discussão posterior sobre a conservação dos alimentos, estimulando a formulação de hipóteses por parte dos alunos.
3. Elaboração de um plano de trabalho para fazer o estudo da deterioração e da conservação de cada grupo de alimentos. O professor orientará a discussão da turma para decidir os passos básicos do plano. Deverá ser proposto conjuntamente o que queremos saber e como tentaremos pesquisá-lo.
4. Realização das experiências que permitiram desvendar os fatores que determinam a deterioração dos alimentos. Cada alimento deverá ser submetido a diferentes condições ambientais, de modo que se possa observar em quais delas se estraga mais. Nós os exporemos a três situações diferentes: pleno sol, umidade ambiental elevada e interior da geladeira.
5. Controle sistemático da evolução de cada alimento nas três situações citadas. Também pode-se fazer com a ajuda de um mural grande, utilizando-se símbolos previamente escolhidos pelo grupo.
6. Socialização e conclusões finais. É preciso perguntar se o processo usado para pesquisar o que desejávamos foi eficaz. (Ficou alguma coisa por pesquisar?, Podia-se ter realizado de outro modo?, etc.).
7. Visita educativa a uma loja de alimentação, para conhecer o setor das câmaras frigoríficas.

NOTA

1 Os critérios apresentados foram retirados do Plano Curricular elaborado pelo "Departament d'Ensenyament de la Generalitat de Catalunya".

2

Conhecimento dos Meios Social e Cultural

Jaume Ríos

OS CONTEÚDOS PROCEDIMENTAIS NA ÁREA DOS MEIOS SOCIAL E CULTURAL

Ao contrário das áreas mais instrumentais (Língua, Matemática), as Ciências Sociais mantiveram uma formulação de conteúdos factuais e conceituais muito enciclopédicos e academicistas: simples redução dos temas universitários ou de contrastes das matérias de Geografia e História, destes conteúdos solicitava-se apenas uma memorização, no caso dos fatos e a compreensão de certos conceitos que, sendo com freqüência muito abstratos e complexos, acabavam por ser memorizados.

A utilização de algumas técnicas em Geografia, relacionadas habitualmente à expressão gráfica de estatísticas, servia para comprovar e/ou exemplificar os conceitos ou fatos já descritos.

Assim, pois, a consideração dos procedimentos como conteúdos que é preciso programar, trabalhar e avaliar é um passo à frente, de grande importância na didática das Ciências Sociais. Sua incorporação à prática docente supõe a possibilidade de utilizar um instrumento para dotar de significado o conjunto de conteúdos factuais, conceituais e atitudinais.

A quantidade de informação que atualmente pode chegar ao alcance dos meninos e meninas sobre os meios social e cultural faz com que os alunos sejam possuidores de um grande volume de conhecimentos banais e prévios, basicamente desordenados e pouco estruturados. Esta é hoje a principal fonte de significado e ponto de partida do trabalho em Ciências Sociais, sempre permitir que os alunos tenham acesso aos instrumentos e procedimentos para poderem utilizar com eficácia toda a informação de que dispõem, tanto por experiência pessoal (vivências, orientação, percepção do espaço) quanto pela erudição dos meios de comunicação (fatos, lugares, personagens, conflitos).

Os procedimentos são, pois, os instrumentos que deverão dotar os alunos de instrumentos de interpretação, análise e representação do espaço que os rodeia, dos meios histórico, cultural e econômico. Instrumentos, enfim, para dotar de significado e eficácia um conhecimento tão vital para a educação integral como é o domínio dos meios social e cultural imediatos e remotos, atual e passado, para imaginar alternativas de futuro do próprio país e do mundo.

OS CONTEÚDOS PROCEDIMENTAIS EM RELAÇÃO AOS OUTROS CONTEÚDOS

Os conteúdos conceituais nas Ciências Sociais são infinitos. Diariamente os jornais propõem aos professores um conjunto de conteúdos factuais de lugares, próximos e distantes, que responde a conceitos de Geografia econômica, urbanismo ou Geopolítica e que são produto de um processo histórico que parte de decisões fronteiriças de tratados de paz do século passado.

Hoje em dia, todo mundo concorda que não se pode tentar ensinar todos os fatos e conceitos possíveis, nem sequer os mais importantes, e que se devem escolher bons modelos e bons indicadores que sirvam para interpretar situações ou conjunturas físicas, humanas ou históricas semelhantes. O envolvimento pessoal e a transmissão de valores definidos e derivados da análise desses fatos e conceitos contribuiria para uma formação social funcional e sólida.

Para alcançar tais objetivos genéricos, é necessário um elemento estruturador, e este é o papel relacional dos procedimentos, que confere ao conjunto dos outros conteúdos o grau de dificuldade que possibilitará o seqüenciamento.

OS CONTEÚDOS PROCEDIMENTAIS MAIS SIGNIFICATIVOS

Os procedimentos dessa área contemplados no plano curricular podem ser organizados em três grupos:

1. Os relacionados com a interpretação e a representação do espaço.
2. Os relacionados com a consciência temporal e o tempo histórico.
3. Os relacionados com o tratamento da informação.

No primeiro grupo, incluem-se os relacionados com a orientação, a partir do próprio corpo, de elementos do meio tomados como pontos de referência ou a partir de uma representação do espaço e o uso de instrumentos de observação (bússola). Também se incluem todos os procedimentos que tendem a desenvolver as capacidades para representar o espaço e interpretar as representações feitas dele (planos, mapas). É, sem dúvida, um grupo de procedimentos muito específico da área.

No segundo grupo, incluem-se aqueles procedimentos que dotam os alunos de instrumentos para tomarem consciência da passagem do tempo, de sua percepção e medida, assim como as técnicas para interpretar adequadamente aspectos do passado. É também, claramente, um conjunto de procedimentos específicos da área.

O terceiro grupo traz todos os instrumentos de investigação, obtenção, seleção, tratamento, expressão e aplicação da informação sobre as Ciências Sociais. É talvez o grupo que inclui um maior número de procedimentos que também fazem parte de outras áreas, mas nesta tomam uma significação especial, devido ao grande volume de informação a que se vê exposto o estudante de Ciências Sociais.

O tratamento da informação estatística, documental, de seleção de informação de fontes diretas, de fontes orais, de fontes históricas, de fontes iconográficas, de documentos ou vestígios históricos, de museus e revistas de viagens: uma série de técnicas que busca a apreensão da informação de um modo sistemático e significativo e que constitue o corpo procedimental principal dessa área.

O REGISTRO DE DADOS MEDIANTE UM FORMULÁRIO

Na análise das variáveis dos meios social e cultural, é habitual a utilização de formulários que permitem o registro sistemático do comportamento, da freqüência ou do regime individual das variáveis (temperatura, número de dias nublados, número de trens por hora, quantidade de casas de comércio por rua).

Seu uso proporciona aos alunos um modelo de investigação baseado na seleção dos elementos significativos e indicadores e, por outro lado, os introduz no trabalho metódico e sistemático, que é básico no conhecimento científico.

Importância de sua aprendizagem

O registro sistemático oferece aos alunos instrumentos já descritos, que supõem determinados recursos de pesquisa e domínio úteis em qualquer situação de aprendizagem e, portanto, esse domínio faz parte da formação integral do indivíduo. Envolve as duas acepções da funcionalidade das aprendizagens: é transferível para outras situações de aprendizagem posteriores e é útil em situações comuns não-educativas.

Grau e tipo de aprendizagem a alcançar no ensino fundamental

Os alunos e alunas, ao concluir o ensino fundamental, devem ser capazes de utilizar e preparar formulários simples que permitam o registro sistemático de uma variável em uma mesma situação do meio.

Linhas gerais da seqüência de aprendizagem ao longo do ensino

Como em todos os casos, não existe uma única seqüência possível e cada nível da seqüência não é equivalente em dificuldade nem, portanto, em tempo necessário para superá-lo.

Entenda-se esta seqüência como um modelo a mais que parte de certos critérios de seqüenciamento bem claros: a complexidade da observação realizada, o tipo de tecnificação da observação e o grau de autonomia dos alunos no uso e no planejamento do formulário.

1. A utilização primária e mais comum de formulários de registro acontece com a observação do tempo atmosférico, que já é um tópico na educação infantil e especialmente na 1ª e na 2ª séries do fundamental, onde, com freqüência, passa de atividade de grupo e dirigida para uma atividade individual e sistemática, utilizando os próprios sentidos como instrumentos de observação.
2. As observações e os registros com formulários do tempo alcançam uma maior complexidade a partir da 3ª série, com o uso de instrumentos de medida objetiva, como o termômetro, o cata-vento ou a biruta na 3ª e 4ª séries, ou o barômetro, o termômetro de máximas e mínimas, além do anemômetro da 5ª série em diante.
3. Outros registros de fenômenos deveriam partir, como no caso do tempo, de observações pessoais e subjetivas, resultado da utilização dos sentidos (contar pessoas que entram em estabelecimentos ou instalações, número de carros ocupados por uma só pessoa, colegas que veraneiam na praia ou na serra, etc.).
4. Seguidamente podem ser introduzidas aquelas observações e registros a partir da leitura de instrumentos (intervalo de tempo na passagem dos ônibus, por exemplo).
5. A autonomia do registro concentra-se em dois momentos: quando se prepara o formulário e quando se executa o registro. O *continuum* de dificuldade teria um extremo onde o professor/a apresenta o formulário e auxilia a realização da tarefa e o outro onde o aluno, já nas séries finais, projeta seu próprio formulário, uma vez identificado o que quer registrar, e realiza a atividade.

As posições intermediárias são, como sempre, infinitas, mas alguns parâmetros as estruturam: a capacidade autônoma, a intervenção do professor, o hábito metódico e a capacidade de previsão na preparação do formulário.

Uma seqüência de ensino/aprendizagem

Propõe-se trabalhar a utilização de um formulário de registro das mudanças do tempo durante a semana, segundo as percepções subjetivas do observador/a.

- *Nível apropriado*
  1ª e 2ª séries.

- *Objetivos referenciais*
  - Utilizar um formulário simples de registro das mudanças do tempo como elemento para discriminar e identificar os fenômenos meteorológicos.
  - Preencher um formulário com registros de percepções sensoriais.
  - Utilizar metódica e sistematicamente um formulário, durante um mês.

- *Conteúdos conceituais e atitudinais associados*
  – Conceituais
    - O tempo. As mudanças meteorológicas.
    - Os dias da semana.
    - Os símbolos como representação de idéias.
  – Atitudinais
    - Rigor no trabalho sistemático.
    - Prazer pelo trabalho concluído, bem realizado e bem apresentado.

- *Conhecimentos prévios*
  Todos os meninos e meninas das duas primeiras séries conhecem, por sua experiência pessoal, quais são as mudanças de tempo e, com freqüência, já realizaram, em grupo, atividades de observação e registro na educação infantil.

- *Atividades de ensino/aprendizagem*
  1. Recordar as mudanças básicas de tempo.
  2. Lista e seleção das mudanças que serão motivo de registro (categorias de classificação).
  3. Apresentação, por parte do professor/a, do formulário em que figurarão elementos precursores das mudanças de tempo e de sua percepção subjetiva (frio, calor).
  4. Determinação coletiva dos textos que servirão para registrar as mudanças de tempo (ensolarado, nuvens e sol, pouco nublado, chuva, temporal). Esse aspecto resultará, se for conveniente, em uma estatística ou gráfico posterior da correlação dos resultados da observação subjetiva.
  5. Preenchimento coletivo do formulário, acompanhado pelo professor/a durante os primeiros dias. Determinação do horário de observação e dos passos adequados para realizar a técnica.
  6. Realização individual da atividade depois de uma observação promovida e um pouco dirigida pelo professor/a, mas sem trabalho de grupo.
  7. Realização individual e autônoma (a última semana) da atividade. Acompanhamento individual dos resultados e das dificuldades (avaliação formativa).

ORIENTAÇÃO ESPACIAL UTILIZANDO DIFERENTES DIREÇÕES

A orientação espacial é um dos *instintos geográficos* que as pessoas foram perdendo ao longo da história e com a adaptação a uma vida mais sedentária. Atualmente é, no entanto, uma habilidade imprescindível para aspectos diversos, como conseguir uma boa lateralidade psicomotora, realizar uma aprendizagem de leitura e escrita adequada, interpretar corretamente um plano ou saber circular por uma cidade com segurança e domínio do meio.

Saber orientar-se no espaço, num plano, por um itinerário ou utilizar pontos de referência (bússolas, pontos cardeais) são os elementos mais relevantes desse conteúdo procedimental.

Importância de sua aprendizagem

O desenvolvimento da capacidade de orientação no espaço tem um alto grau de funcionalidade, já que é imprescindível para empreender muitas outras aprendizagens e, além disso, proporciona ao indivíduo um domínio sobre o espaço que lhe confere liberdade e capacidade de interação.

Ter um bom domínio das situações quanto a um ponto de referência (em cima, embaixo, direita, esquerda, dentro, fora, em frente, atrás) é um dos requisitos prévios para a aprendizagem da leitura e da escrita, para um bom desenvolvimento corporal e de psicomotricidade geral.

Está claro, pois, que a contribuição desse procedimento para a formação integral das pessoas é decisiva e sua aprendizagem, imprescindível.

Grau e tipo de aprendizagem a alcançar no ensino fundamental

Os alunos e alunas, ao concluir o ensino fundamental, devem ser capazes de se orientar no espaço em diversas direções, com a ajuda de pontos de referência convencionais (ponto cardeais) e da bússola.

Linhas gerais na seqüência de aprendizagem ao longo do ensino

A orientação é uma capacidade básica das pessoas, adquirida ao longo da infância, desde o momento do nascimento. O domínio do espaço começa com a diferenciação dos limites do próprio corpo e as primeiras evoluções espaciais, ao procurar a chupeta que sempre fica do outro lado do berço quando o bebê gira a cabeça.

Com os primeiros passos e, principalmente, com o deslocamento, a interação com o meio se complica e obriga o bebê a construir um sistema espacial que organize e permita-lhe um certo domínio do espaço.

Desse conhecimento intuitivo até a utilização de instrumentos de orientação e a orientação em um plano, há um longo caminho, com ritmos de apreensão muito diferentes.

1. Os primeiros exercícios de orientação espacial já são feitos na creche e na pré-escola, e estão muito relacionados com a identificação e a localização a partir do próprio corpo (frente, atrás, embaixo, em cima, fora, esquerda, direita).
2. Na 1ª e 2ª séries, esses exercícios começam a tomar como ponto de referência outros objetos ou pessoas que servem para orientar e situar outros pontos. Esse desenvolvimento espacial coincide com a aprendizagem da leitura e da escrita, para a qual representa um requisito indispensável.
3. Na 3ª e 4ª séries, consolidam-se as direcionalidades e as posições básicas (direita, esquerda, etc.), assim como as aproximações e comparações.
4. Na 3ª e 4ª séries, já podem ser utilizados pontos de referência convencionais, primeiro relacionados com elementos conhecidos pelos alunos (na direção da rua, na direção do pátio) e depois com o início do uso dos pontos cardeais e da bússola.
5. Da 5ª série em diante, os aspectos básicos da orientação a partir do próprio corpo e dos pontos de referência do meio já estão bastante dominados e devem ser aplicados para adquirir um domínio sobre a orientação, com ajuda da bússola e de pontos de referência convencionais sobre um plano urbano ou mapa topográfico, de linhas de trens metropolitanos ou qualquer outra representação orientada da realidade.

Uma seqüência de ensino/aprendizagem

Essa seqüência consistirá na identificação da posição de objetos e pessoas a partir de pontos de referência do meio e do próprio corpo.

- *Nível apropriado*
  1ª e 2ª séries.

- *Objetivos referenciais*
  - Saber descrever a posição de um objeto ou pessoa a partir da posição referente ao seu próprio corpo.
  - Indicar posições de objetos e pessoas a partir de pontos relativos do meio.

- *Conteúdos conceituais e atitudinais associados*
  – Conceituais
    - Atrás, em frente, no meio.
    - Em cima, embaixo.
    - Dentro, fora.
    - Direita, esquerda.
    - Longe, perto.
  – Atitudinais

- Participação ativa nos trabalhos de equipe.
- Interesse pelo trabalho experimental.
- Perseverança nas tarefas desenvolvidas.

• *Conhecimentos prévios*
Nas duas primeiras séries iniciais, os conhecimentos prévios dos alunos sobre a orientação são muito diversos e estão muito relacionados com a conscientização e a interiorização de seu esquema corporal. O trabalho psicomotor que a criança realizou na pré-escola é tão importante como a própria capacidade potencial.

A avaliação inicial é, como sempre, imprescindível para fixar o ponto de partida de cada caso de nossa seqüência.

Habitualmente, as relações adiante/atrás, em cima/embaixo, dentro/fora já foram trabalhadas antes destas séries, sempre que se tome como ponto de referência o próprio corpo e, em muitos casos, pontos de referência do meio.

• *Atividades de ensino/aprendizagem*
1. Detecção do domínio instrumental dos conceitos de orientação espacial.
2. Exercício em grupo pequeno: situar-se entre os colegas segundo as instruções do professor/a.
3. Seguir as instruções do professor/a para se situar em relação a objetos (dentro/fora, em cima/embaixo, mais longe/mais perto), utilizando o material típico de psicomotricidade (círculos, pneus, cordas, bancos, etc.).
4. Brinquedo de terra/mar, aplicável mais tarde a outras direcionalidades e posições (direita/esquerda, em frente/atrás, etc.).
5. Seguindo as indicações dos professores, situar objetos em relação a outros que sirvam de ponto de referência.
6. Desenhar objetos seguindo instruções quanto a pontos de referência preexistentes na folha de trabalho.
7. Seguir os passos de uma dança simples que trabalhe direcionalidades diferentes e sucessivas.
8. Desenho dos passos de dança simples, conhecidas e dançadas. Inscreve-se a representação das direcionalidades em um quadriculado simples (primeiro no quadro-negro, de forma dirigida ao grupo todo e depois individualmente e no caderno).

UTILIZAÇÃO DE NOÇÕES E CATEGORIAS TEMPORAIS

As características e as noções temporais (minuto, hora, semana, ano, década, século, etc.) permitem a localização dos fatos, das situações e dos fenômenos no marco temporal que as estrutura cronologicamente. Os elementos básicos desse procedimento são: a continuidade, a mudança, a simultaneidade, a duração e o ritmo.

Importância de sua aprendizagem

Adquirir o domínio da noção e da percepção do tempo e utilizar suas próprias categorias coloca a possibilidade de interpretar o curso cronológico do meio e é, portanto, uma habilidade imprescindível para qualquer pessoa.

A aprendizagem desse procedimento oferece ao estudante um instrumento funcional, inserido em uma complexa rede referencial sobre a aplicação do tempo na análise do meio, que lhe permite transferi-lo para qualquer aprendizagem.

Grau e tipo de aprendizagem a alcançar no ensino fundamental

Os alunos e alunas, ao concluírem o ensino fundamental, devem ser capazes de utilizar as categorias e noções temporais situando sucessões de situações históricas sobre aspectos concretos da vida cotidiana, da história local, estadual e nacional, detectando vestígios do passado na atualidade.

Linhas gerais da seqüência de aprendizagem ao longo do ensino

A apreensão das noções temporais, devido à sua abstração, é fruto de um processo lento. Começa ao nascer e inicia uma cadência de sono-alimento-vigília. É, portanto, um elemento vivencial que organiza a vida em sucessões de duração e ritmo diferentes (dia/noite, semana, mês, ano, fluxo).

O trabalho de hábitos e tarefas repetitivas em determinadas cadências (escrever diariamente a data no quadro, regar as plantas, observar o tempo) inicia o aluno na aquisição do senso da passagem do tempo e da percepção de seu ritmo.

No ensino fundamental, a linha de seqüência poderia ser:

1. Situar imagens da vida cotidiana seguindo uma cronologia reversível.
2. Ordenar séries de imagens ou objetos simples segundo sua antigüidade.
3. Situar corretamente, em ordem cronológica, determinados aspectos relacionados com a história local, regional, nacional e da humanidade.
4. Perceber que as ações podem ocorrer simultaneamente e que permanecem vestígios do passado no presente.
5. Identificar brinquedos, costumes, tradições e formas de fazer e de dizer que perduram com o tempo e, portanto, apresentam continuidade.
6. Notar as mudanças que acontecem conosco e em nosso meio ao longo do tempo.

Uma seqüência de ensino/aprendizagem

Tratamento da utilização das noções temporais de mudança e continuidade na evolução histórica da obtenção de alimentos.

- *Nível apropriado*
Da 5ª série em diante

- *Objetivos referenciais*
  - Identificar as formas básica de obtenção de alimentos ao longo da história.
  - Mostrar as mudanças que se produziram (coleta, agricultura de subsistência, agricultura de mercado, indústria agropecuária) na obtenção de alimentos.
  - Descobrir os aspectos de obtenção de alimento que se mantêm ao longo da história (captura de espécies, técnicas agrícolas e pecuárias), apesar da evolução, como no caso das máquinas.
  - Identificar grandes etapas da história da humanidade na linha do tempo da obtenção de alimentos.

- *Conteúdos conceituais e atitudinais associados*
  - Conceituais
    - Coleta, agricultura, pecuária, pesca (definição e tipologia).
    - Ferramentas, máquinas e tarefas agropecuárias de pesca, caça e coleta.
    - Papel da agricultura e da pecuária ao longo da história.
    - Século, era, tempo antes e depois de Cristo.
  - Atitudinais
    - Interesse em conhecer o curso da história e descobrir seus vestígios.
    - Respeito a determinadas formas de conduta legadas pelos antepassados, bem como consideração destas como patrimônio.

- *Conhecimentos prévios*

Ao começar o a 5ª série todos os meninos e meninas têm, em geral, uma idéia clara da sucessão do tempo (dia, mês, ano).

No entanto, não têm nada claro o conceito de século nem o das datas referentes ao ano zero das culturas judaico-cristãs.

Os conteúdos conceituais (agricultura) já foram trabalhados durante as séries anteriores, mas geralmente sem considerar a sua vertente histórica.

- *Atividades de ensino/aprendizagem*
1. Exame das formas atuais de obtenção de alimentos.
2. Identificação das atividades produtoras de alimentos, de suas profissões, trabalhos, ferramentas, máquinas e técnicas.
3. Pesquisa sobre as mudanças na obtenção de alimentos ao longo do tempo (ferramentas, máquinas, técnicas, trabalhos).
4. Organização de imagens que representem etapas na dinâmica dos processos de obtenção de alimentos.
5. Identificação de momentos isolados da evolução da agricultura ou da pecuária em uma linha cronológica que represente as grandes etapas da história.
6. Detecção de costumes, elementos do léxico, ferramentas ou técnicas que apresentem uma continuidade ao longo do tempo.

7. Visita a museus estaduais onde estejam expostas ferramentas agrícolas. Situá-las historicamente e deduzir sua utilização.
8. Elaboração de um mural onde se exponha ordenadamente a evolução de alguma das formas de obtenção de alimentos ao longo da história.

A CONSTRUÇÃO DE MODELOS DE PROCESSOS DINÂMICOS

A construção de modelos possibilita a experimentação nas Ciências Sociais. O objetivo básico é a reprodução de uma situação geográfica ou histórica, em um modelo simplificado que permita visualizar, manipular e experimentar sua dinâmica, bem como deduzir suas causas, possíveis conseqüências e alternativas.

Também é um procedimento no qual se efetuam muitas atividades manipulativas, além das cognitivas, possibilitando a participação ativa e motivada de qualquer aluno, dentro de uma perspectiva educativa compreensiva.

Importância de sua aprendizagem

A construção de modelos é um caminho adequado para a aprendizagem das Ciências Sociais, além de possibilitar o desenvolvimento de um amplo conjunto de habilidades no aluno.

Por outro lado, exige um esforço-motor na construção física de alguns instrumentos a partir de materiais simples. Os modelos devem funcionar e sua manipulação (uso) supõe um trabalho de descoberta (experimentação) que promove o espírito científico dos alunos. A construção e a utilização de modelos também propõe, necessariamente, um esforço cognitivo às crianças, quando lhes é pedido que imaginem uma realidade e uma dinâmica complexa a partir de um modelo necessariamente simplificado e rudimentar.

Por outro lado, desenvolve a capacidade de dedução da causalidade, ao ter que imaginar as causas e as conseqüências das dinâmicas reproduzidas.

Grau e tipo de aprendizagem a alcançar no ensino fundamental

Os alunos e alunas, ao terminarem o ensino fundamental, devem ser capazes de construir modelos simples da realidade, que sirvam de ferramenta de experimentação (modelo de vulcão, da erosão de um relevo, de bacia hidrográfica, de sistema solar, de algum aspecto de tecnologia histórica). Tais modelos devem ser utilizados para deduzir funcionamentos ou dinâmicas.

Linhas gerais da seqüência de aprendizagem ao longo do ensino

A construção de modelos tem uma relação direta com a área de Educação Artística, de modo que muitos de seus objetivos de aprendizagem (representação de formas, realização de composições, utilização de materiais e ferramentas, representação de volume) são requisitos para a construção de modelos.

Assim, é imprescindível que o seqüenciamento desse procedimento mantenha uma coesão com as fases de realização dos planos curriculares das Artes Plásticas.

Os critérios que conferem o grau de dificuldade na construção de modelos são:
- Da construção
    - o nível de simplificação da realidade;
    - a abstração da realidade a ser reproduzida;
    - o nível de perfeição do resultado formal do modelo;
    - a capacidade motora dos alunos;
    - a capacidade do domínio do volume;
    - o domínio que tenham da percepção da mudança de escala.

- Da utilização
    - a capacidade de imaginar as causas que geram a dinâmica que se quer reproduzir;
    - a capacidade de deduzir as conseqüências que decorrem das causas imaginadas;
    - a capacidade de generalizar o resultado da experimentação e transferi-lo para a realidade representada, sempre muito mais complexa e necessariamente condicionada a episódios e conjunturas específicas.

Assim, a linha de seqüência ao longo do ensino fundamental seguirá um processo onde esses critérios se inter-relacionarão, conformando determinados momentos educativos que serão específicos em cada caso e grupo.

1. Construção de modelos simples de paisagens e lugares (um estábulo, por exemplo) que reproduzam os elementos a serem fictícios.
2. Construção de modelos de paisagens a partir de um roteiro que apresente os elementos a serem contemplados.
3. Construção de modelos seguindo um roteiro e buscando reproduzir situações reais (localização de cidades, tipologias de relevo ou cursos fluviais). Descrição posterior.
4. Construção de modelos que representem dinâmicas (erosão, foz) sem se referir a nenhuma realidade definida, mas como exemplos dos conteúdos conceituais trabalhados.
5. Construção de modelos sobre dinâmicas, para reproduzir o mecanismo do processo dinâmico (erosão) e experimentar os processos reais do modelo. Dedução das causas e conseqüências do processo dinâmico. Generalização das observações e conclusões.
6. Utilização de modelos para comprovar hipóteses sobre a dinâmica de determinados processos. Generalização da experiência.

7. Utilização de modelos como instrumentos para imaginar efeitos do impacto humano no território. Instrumentalização do modelo em brincadeiras de "papel".
8. Construção de modelos para reproduzir mecanismos simples de tecnologias representativas de momentos da evolução tecnocientífica da humanidade.

Uma seqüência de ensino/aprendizagem

Será tratada a construção e a identificação de um modelo de bacia hidrográfica.

- *Nível apropriado*
3ª e 4ª séries

- *Objetivos referenciais*
    - Identificar os elementos de uma bacia hidrográfica (os cursos do rio, a nascente, os afluentes, a desembocadura) e seu papel na dinâmica hidrográfica geral.
    - Experimentar, com a ajuda de um modelo, o funcionamento de uma bacia hidrográfica.
    - Substituir, mediante a experimentação, o conceito prévio e o tópico de *nascimento de um rio nas montanhas e morte no mar* por um conhecimento mais real da dinâmica fluvial, ligado ao conceito de bacia hidrográfica.
    - Representar um território imaginário em volume, utilizando uma simplificação da realidade e uma mudança de escala evidenciadas.

- *Conteúdos conceituais e atitudinais associados*
    – Conceituais
        - Bacia hidrográfica, cursos de um rio, dinâmica hidrológica, mudanças na morfologia a partir do trabalho hidrológico.
        - Impacto da ação humana na dinâmica hidrológica.
    – Atitudinais
        - Demonstração de interesse pelo trabalho experimental.
        - Participação ativa no trabalho de equipe.
        - Atitude de interesse nas atividades de maior paciência e dificuldade manipulativa.

- *Conhecimentos prévios*
Os meninos e meninas de 3ª e 4ª séries já costumam:
    - Ter conhecimentos relacionados com a habilidade manual necessária para a construção de modelos simples.
    - Mostrar capacidade para representar um território imaginário com massinha, argila ou outros materiais maleáveis.
    - Possuir conhecimentos do senso comum sobre questões hidrológicas.

É preciso atender especialmente ao tópico socialmente aceito, errôneo, de que os rios nascem nas montanhas e morrem no mar.
- Utilizar modelos como elemento básico em muitos brinquedos infantis.

- *Atividades de ensino/aprendizagem*
1. Detecção dos conhecimentos prévios sobre os conceitos hidrológicos, especialmente os relacionados com a dinâmica superficial da água e seus mecanismos e modelagem.
2. Identificação dos elementos integrantes de uma bacia hidrográfica, especialmente o conceito de nascente.
3. Consenso sobre os elementos que deveria conter um modelo que produzisse uma bacia hidrográfica.
4. Construção, em pequeno grupo, de um modelo, usando uma caixa de madeira, areia, argila e pedras. Deve-se garantir que o desnível do terreno seja o adequado para que a água drene levemente para um extremo da caixa-bacia.
   - Modelar montanhas de argila e cobri-las de areia fina de praia.
   - Modelar planícies com areia e algumas pedras.
   - Deixar um espaço sem material (mar).
5. Utilização do modelo no pátio.
   - Imitar as precipitações sobre o território representado, regando o modelo com um regador. As precipitações devem atingir todo o território, embora possa ser mais copiosa nas montanhas.
   - Comprovar a organização dos cursos de água em rede (arroios, torrentes, riachos, rios).
   - Observar o trabalho de erosão, transporte e sedimentação das areias.
   - Identificar a erosão diferencial sobre materiais duros (argila, pedra) e sobre materiais moles, além de formas novas de relevo que forem criadas.
6. Generalização e definição de conceitos. Com a ajuda sistematizadora do professor/a se (re)elaboram as definições de cada conceito que aparece.
   - Partes de um rio (desembocadura, afluentes, etc.).
   - Pontos de destruição do relevo (vales, desfiladeiros, etc.).
   - Pontos de construção do relevo (delta, etc.).
7. Descrição e tipologia dos processos (hidráulicos, erosivos).

O MAPA CONCEITUAL

Os mapas conceituais são um recurso esquemático que permite representar um ambiente conceitual onde um conjunto de conceitos está relacionado em uma rede de proposições, podendo ser utilizados como técnica de aprendizagem, instrumento de esquematização e instrumento de avaliação.

Importância de sua aprendizagem

A aprendizagem da elaboração e da leitura de mapas conceituais possibilita a utilização de um instrumento adequado para a aprendizagem significativa. Essa adequação justifica-se porque:

- Permite evidenciar os conhecimentos prévios.
- Permite avaliar inicialmente o que sabem/sabemos e como o sabem/sabemos.
- Permitem descobrir o caminho seguido pela aprendizagem (evidenciação na metacognição).
- Desvenda redes de relações entre os conceitos conhecidos e, portanto, dá significado a conceitos novos que se associam às redes já consolidadas.
- Supõe um exercício de reflexão, ao construir mapas e destruí-los.
- Evidencia concepções equivocadas (conhecimentos banais, conceitos errôneos ou parcialmente válidos).
- Permite avaliar o resultado de uma seqüência de ensino/aprendizagem com um alto grau de credibilidade e validade.
- É graduável em dificuldade e, portanto, aplicável em todos as séries e graus de diversidade em cada série.

Grau e tipo de aprendizagem a alcançar no ensino fundamental

Os alunos e alunas, ao concluir o ensino fundamental, devem ser capazes de elaborar mapas conceituais a partir de um conjunto de conceitos relacionados presentes em um texto expositivo (livro-texto) ou fruto da observação ou experimentação.

Linhas gerais da seqüência de aprendizagem ao longo do ensino

A utilização do mapa conceitual é possível desde o início do ensino fundamental (de fato, inclusive há trabalhos desse tipo com crianças de pré-escola. Para fazer uma exploração efetiva em séries mais avançadas convém que tenham sido efetuadas aproximações nas séries iniciais.

Os critérios de seqüenciação são diversos e estão relacionados de modo complexo e dialético, já que, com tal procedimento, trabalha-se um conjunto muito amplo de habilidades, muitas das quais são de caráter claramente cognitivo, que se inter-relacionam e representam um número infinito de níveis de dificuldade.

Contudo, podemos assinalar os critérios básicos de seqüenciamento:

- Identificação dos conceitos (idéias) e dos fatos (verbos, ações) e suas ligações.
- Hierarquização dos conceitos.

- Relação e organização dos conceitos de um conjunto de proposições.
- Reflexão sobre o próprio processo de aprendizagem.

Com esses critérios específicos e com os mais gerais (capacidade de leitura, de expressão oral e escrita das opiniões próprias, de abstração) podemos diferenciar, entre muitas, estas etapas de seqüenciação geral:

1. Reconhecer que temos idéias (imagens mentais) de muitos conceitos e que de outros não podemos tê-las (palavras de ligação ou de relação entre conceitos).
2. Organizar listas de termos conceituais, desde os mais gerais e abrangentes, até os mais específicos (jogos com palavras).
3. Leitura de frases curtas (proposições a partir de um mapa conceitual que o professor ou professora apresentam, como, por exemplo, "Os pássaros voam no ar").
4. Elaboração de mapas simples, a partir de proposições simples, para mais adiante, fazer outras, de maior complexidade.
5. Identificação (sublinhado) dos conceitos-chave de uma narração conhecida (conto popular). Posterior organização, hierarquização, relação de elementos e construção definitiva do mapa.
6. Elaboração definitiva de mapas conceituais de histórias curtas ou de textos curtos e densos, de caráter expositivo (citação de um livro didático).
7. Elaboração de mapas de observação no trabalho de campo ou na experimentação.

Uma seqüência de ensino/aprendizagem

Propõe-se a utilização do mapa conceitual para aprender a dinâmica da paisagem montanhosa na Península Ibérica a partir da informação dada por livros didáticos.

- *Nível apropriado*
A partir da 5ª série.

- *Objetivos referenciais*
    - Identificar, no texto expositivo, os conceitos mais inclusivos e organizadores de uma descrição (nesse caso, dos fatores que modelam o relevo da Península Ibérica).
    - Descobrir as relações que se estabelecem entre esses conceitos.
    - Analisar os nexos que relacionam tais conceitos (dinâmica natural, intervenção humana).
    - Imaginar a perspectiva de alguns sistemas de relações que permitam deduzir uma dinâmica.

- *Conteúdos conceituais e atitudinais associados*
  – Conceituais
    - A paisagem como resultado da síntese dialética de elementos abióticos, bióticos e antrópicos.
    - A dinâmica da paisagem.
    - Os elementos da paisagem montanhosa na Península Ibérica.
    - Os fatores da dinâmica da paisagem montanhosa na Península Ibérica.
  – Atitudinais
    - Predisposição ao trabalho com atitude cooperativa.
    - Aceitação de soluções consensuais frente à disparidade de opiniões.
    - Manutenção do interesse nas atividades reflexivas e complexas.

- *Conhecimentos prévios*

Sobre os mapas conceituais, os alunos podem ter feito exercícios relativos à descoberta dos conceitos, da hierarquia destes e de suas redes de relação na 1ª e na 2ª séries e, especialmente, na 3ª e na 4ª.

Na certa, já se trabalhou com a dinâmica da paisagem e, muito provavelmente, os alunos têm conhecimentos pessoais sobre determinadas paisagens montanhosas.

Contudo, é bem possível que tenham um conjunto de conhecimentos prévios parcialmente relacionados à idéia pessoal de montanha e, especialmente, da idéia mental do conceito paisagem, com freqüência mais próxima do tópico estético, pictórico ou fotográfico, distantes do caráter sintético e globalizador utilizado conhecimento científico.

- *Atividades de ensino/aprendizagem*
  1. Leitura individual do texto expositivo (livro didático) sobre a dinâmica da paisagem montanhosa na Península Ibérica.
  2. Identificação e marcação (a lápis) dos conceitos-chave do texto. Discussão e decisão em pequenas equipes.
  3. Seleção dos conceitos mais gerais e dos mais específicos: lista hierarquizada.
  4. Elaboração de etiquetas ovaladas de papel com os conceitos escritos.
  5. Discussão e esboço do mapa, dispondo os recortes sobre uma folha, unindo-os com linhas e escrevendo as palavras de ligação que levem a uma leitura reveladora das relações entre os conceitos.
  6. Correção do mapa pelo professor ou professora.
  7. Exposição dos mapas diante dos demais grupos e comprovação da possibilidade de fazer mais de um mapa verdadeiro, dependendo do tipo de ligações esboçadas.

AS BRINCADEIRAS DE "PAPEL"

Na brincadeira de "papel" o essencial é a adaptação ao perfil específico do personagem ou do grupo social que deve ser representado e a glorificação da ecologia da situação proposta.

A utilização de brincadeiras de "papel" permite compreender e vivenciar a realidade de outras pessoas seguindo um processo empático. É, pois, um procedimento que ajuda a tornar mais significativas certas aprendizagens em Ciências Sociais.

Importância de sua aprendizagem

A brincadeira de "papel" oferece a oportunidade para os alunos e alunas experimentarem as dúvidas, problemas, privilégios ou sentimentos de personagens conhecidos do meio ou de outros sobre os quais devem-se informar para assumir seu papel, como no caso da empatia histórica.

Sua utilidade didática, além da potencialidade de tornar mais significativa a aprendizagem de conhecimentos em Ciências Sociais (profissões, situações de decisão em que podem opinar), inicia os alunos na análise das motivações de outras pessoas (conhecidos, desconhecidos, históricos) e, portanto, aumenta sua compreensão e tolerância para com a diversidade de pessoas, de opiniões, de situações e de alternativas que nos rodeiam ou nos rodearam.

Grau e tipo de aprendizagem a alcançar no ensino fundamental

Os alunos e alunas, ao concluir o ensino fundamental, devem ser capazes de assumir o papel de um personagem do ambiente próximo (o prefeito, o lojista, o apresentador de televisão, um morador atingido por uma expropriação, um advogado) e representar seu "papel" em uma situação que o professor ou professora apresente.

Linhas gerais da seqüência da aprendizagem ao longo do ensino

Grande parte dos brinquedos que os alunos e alunas praticam durante a educação infantil já são brincadeiras de "papel". Brincar de professor, de papai-e-mamãe ou de herói da série de televisão na hora do recreio é uma brincadeira de "papel".

Este será, pois, o melhor ponto de partida que nos permitirá a utilização desse procedimento desde os primeiros momentos da escolaridade.

Os critérios que permitem graduar a dificuldade da seqüência são:

- o grau de veracidade (empatia) que se exija dos participantes;
- a proximidade do personagem ao mundo dos alunos;
- a complexidade da conjuntura em que se inscreve o personagem;
- a quantidade e a complexidade da documentação necessária para preparar a brincadeira, sobretudo quando a situação é remota no espaço ou no tempo;
- o grau de autonomia dos participantes na preparação e durante a brincadeira;

- o grau de complexidade, globalidade e compreensão das relações de causa/efeito e das relações dialéticas entre os personagens.

Uma linha de seqüência possível poderia ser:

1. Iniciar as brincadeiras a partir das que já são habituais entre as crianças, tentando sistematizar e sugerir a reflexão sobre o "papel" de cada personagem e as obrigações de assumir o papel de outro.
2. Propor brincadeiras de "papel" de situações conhecidas (supermercado, profissões, costumes populares), preparando-as previamente e comentando os resultados seguindo um argumento que o professor/a conduz.
3. Propor brincadeiras de "papel" sobre situações conhecidas, mesmo que não sejam do ambiente mais próximo, mas sobre as quais não seja necessário muita informação. A preparação da brincadeira pode ser autônoma, embora o contexto possa ser proposto pelo professor/a.
4. Propor contextos sobre os quais os alunos devam-se informar por não fazer parte do seu meio (espaço, cultura, época).
5. Propor situações históricas específicas sobre as quais seja necessário informar-se a fundo, documentar a fundo e assumir papéis históricos concretos em contextos históricos simples. Comparar os resultados da brincadeira com os acontecimentos reais.

Uma seqüência de ensino/aprendizagem

A brincadeira de "papel" será utilizada para analisar os efeitos positivos e negativos da presença de uma indústria dentro do perímetro urbano de um município.

- *Nível apropriado*
A partir da 5ª série.

- *Objetivos referenciais*
    - Identificar diversos elementos que se inter-relacionam em qualquer situação da vida real.
    - Estabelecer relações entre os elementos de uma situação, condicionada e determinada pelo "papel" de cada elemento.
    - Assumir o "papel" de um personagem, analisando suas motivações, limitações e as influências do meio sobre as atuações e posições que assume.
    - Tirar conclusões pessoais e grupais sobre o desenvolvimento da brincadeira e iniciar o exercício de imaginar possíveis alternativas.
    - Fugir de análises mecânicas e simplistas na hora de compreender situações complexas.

- *Conteúdos conceituais e atitudinais associados*
  - Conceituais
    - Fatores de localização de indústrias.
    - Contaminação e indústria.
    - Emprego e greve.
    - Funções da administração.
    - Formas de organização social (associações de moradores, sindicatos de operários e patronal).
  - Atitudinais
    - Respeito pelas opiniões alheias.
    - Respeito pelas normas da brincadeira.
    - Solidariedade e tolerância com os demais.
    - Interesse pelo trabalho em equipe.

- *Conhecimentos prévios*

As brincadeiras são um patrimônio dos meninos e das meninas, embora nas séries finais as brincadeiras de "papel" já não desempenhem um papel tão destacado. No entanto, não devemos esquecer que muitos jogos de salão e jogos de computador não são mais do que brincadeiras de "papel".

Os conhecimentos sobre as atividades industriais são genéricas, mas suficientes para iniciar a brincadeira.

Os conhecimentos sobre a presença da indústria no interior das localidades podem partir de análises simplistas que não observem o gasto econômico e os empregos, o que suporia eliminar todas as indústrias e oficinas do perímetro urbano dos municípios.

- *Atividades de ensino/aprendizagem*
  1. Recordação da função das indústrias como atividade econômica que tem por objetivo ganhar dinheiro a partir da transformação de matérias e, portanto, o incremento de seu valor.
  2. Promoção de um diálogo no qual o professor ou a professora faça intervir os fatores de localização industrial e se observem as vantagens e desvantagens de localizações industriais no interior dos municípios.
  3. Esboço de uma conjuntura (referente à própria localidade ou não) na qual os agentes sociais (empresários, trabalhadores, moradores, prefeitura, sindicatos) discordam sobre o conflito que representa a presença de uma indústria no município.
  4. Preparação individual, e em pequeno grupo, do "papel" de cada agente social.
  5. Realização da brincadeira (assembléia de moradores, negociação com a prefeitura).
  6. Debate posterior sobre o desenrolar da brincadeira, análise das motivações e atuações de cada personagem (agente social).
  7. Prospecção do futuro da situação reproduzida e estudo de possíveis alternativas.

3

Educação Artística: Música

Pep Alsina

Os alunos não são músicos profissionais, nem deve ser este o objetivo das aulas de música das escolas, mas o tratamento que é preciso dar às aprendizagens deve estar orientado para a criação e a exteriorização de tudo o que tenham assimilado, sem desprezar as possibilidades que têm de fazer música, embora seja a partir de conhecimentos básicos. Devemos partir do princípio segundo o qual todas as pessoas são capazes de criar (em qualquer linguagem). É necessário estimular em nossos alunos aquilo que, se não for desenvolvido na infância jamais o será, e permitir que certos conteúdos apareçam em sua aprendizagem quando necessários. A base é muito importante no terreno artístico. E a base da arte é, principalmente, a sensibilidade.

A música, como todas as outras artes, tem duas faces: uma técnica e outra emotiva. Com freqüência encontramos músicos (no terreno profissional) muito dotados tecnicamente, mas incapazes de expressar o mais ínfimo sentimento com sua interpretação ou composição e, pelo contrário, podemos também encontrar o amante da música que gostaria de se expressar (e tem muita riqueza emotiva potencial), mas suas habilidades técnicas não o permitem. Um dos problemas da interpretação e da criação musical é este: os intérpretes tecnicamente perfeitos costumam ser frios, mecânicos, enquanto os músicos que sentem e podem fazer sentir a música costumam bloquear-se frente à sua própria emoção. Os primeiros, sem intenção de fazer classificações absolutas, poderiam ser definidos como *instrumentistas e intérpretes mecânicos de partituras*, ao passo que os outros poderíamos chamar de *músicos e intérpretes das emoções ocultas atrás da partitura* (Rubinstein fazia, no começo de sua carreira, uma grande quantidade de notas falsas, Chopin tinha graves problemas – chama-se *track* – para interpretar em público, mas não para criar uma música agradável e expressiva). Apesar de tudo, existe uma terceira classe que poderia definir aqueles que conseguem unir ambos os aspectos (técnica e exposição emotiva): são os *músicos-artistas*, aquelas pessoas que fazem arte.

OS CONTEÚDOS PROCEDIMENTAIS DA ÁREA DE MÚSICA

O fato de escutar uma peça musical, de cantar canções, de tocar com instrumentos, de dançar, etc., o que é, enfim, a linguagem da música e da dança, compreende múltiplos aspectos que podemos separar na aula para favorecer a aprendizagem, mas que, devido à própria essência da música, aparecem inter-relacionados e misturados, de modo que, com freqüência, não sabemos onde começa um e onde termina o outro. Em outras palavras, o resultado musical integra diversos procedimentos que podem ser assimilados isoladamente, mas, para que esse resultado se produza, é necessário que se integrem em sistemas de procedimentos mais complexos. Assim, pois, nessa matéria, mais do que falar da importância desse ou daquele procedimento, devemos falar da importância de estabelecer conexões entre uns e outros procedimentos para criar sistemas clara e ordenadamente. A desconexão de um aspecto em relação a outros o condena à falta de coerência e significado, à marginalidade e, conseqüentemente, ao esquecimento.

OS CONTEÚDOS PROCEDIMENTAIS EM RELAÇÃO AOS DEMAIS TIPOS DE CONTEÚDOS

Todos sabemos que interpretar uma partitura não consiste apenas em transformar em sons o que está escrito (com seus matizes, etc.), mas ir mais longe e unir o que o compositor, ou o povo, no caso de peças populares, quis expressar com o significado que aquela peça tem para nós, com nossa forma de vivenciar aquela obra musical.

Em decorrência dessa conexão que deve existir entre técnica e expressão de sentimentos, o aspecto mais importante a ser trabalhado na educação artística e, mais especificamente, na música, deve ser o que se refere às atitudes. Não devemos pensar que nossos alunos são aprendizes de músicos, mas músicos de verdade, já que uma coisa é viver da música e outra, muito diferente, é viver a música. Eles, portanto, são criadores, intérpretes e compositores muito sensíveis que podemos potencializar ou desfavorecer. Essa sensibilidade faz com que os conteúdos procedimentais devam ser trabalhados em função da motivação que os alunos tenham para aprender certas técnicas que lhes permitam exteriorizar uma riqueza interior. Antes de mais nada, é necessário que os alunos manifestem uma atitude aberta, que tenham muitas coisas para dizer. Depois, conhecer o modo de dizê-las, as possibilidades técnicas que farão com que saiam para o exterior e falem aos demais em uma linguagem que entendam. Como se pode expressar (exteriorizar o interior) alguma coisa se não temos nosso interior enriquecido (interiorizar o exterior)? Este é o caso de muitos instrumentistas que passam horas e mais horas na frente de seu instrumento e não sabem nada do que se passa na rua. Como podem se comunicar com um público que não conhecem nem sabem o que lhes faz vibrar se não pisam na rua? E para enriquecer o interior é imprescindível despertar a curiosidade.

De qualquer forma, convém que tais aspectos (atitudes e procedimentos) se inter-relacionem e cada um deles sirva para desenvolver e potencializar o outro. A aprendizagem de fatos e conceitos será ligada e potencializará também as anteriores, mas é necessário lembrar que o mais importante é manter o significado que essa matéria tem para as crianças e não perder aficionados (os aficionados podem ser os futuros artistas) ao buscar que entrem em um corpo pequeno e por um funil muito estreito os procedimentos ou os fatos e os conceitos. A expressão deve ser criada a partir da experimentação e da desinibição, não a partir da acumulação de conhecimentos ou técnicas.

OS CONTEÚDOS PROCEDIMENTAIS MAIS SIGNIFICATIVOS

Dentro dessa área há procedimentos mais significativos do que outros. Há os mais gerais em todas as matérias, como a definição, a classificação, a enunciação, a inferência, a generalização, o planejamento, etc. E há procedimentos próprios do ensino musical, por causa de seu caráter mais próximo da essência da matéria, que citamos abaixo.

A experimentação e a manipulação, pelas necessidades de uma matéria em que o aspecto motor é tão importante. A representação, a caracterização e a dramatização, que são imprescindíveis nos jogos gestuais e nas danças. A composição, a criação, a interpretação, a entoação, a imitação, a desinibição, a reprodução, a audição e a precisão que são obrigatórias em tudo o que se refere à via que vai do interior ao exterior dos alunos. A identificação, a análise, a ordenação, a distinção, o contraste, a comparação, a combinação, o reconhecimento, a relação, a observação, a diferenciação, a síntese e a leitura que estão na via que vai do exterior ao interior dos alunos.

ENTONAÇÃO

A entoação, quando se trata de vozes mínimas, é *falsa*, de modo que a nota ou as notas não têm a altura prevista (mais altas ou mais baixas). A entoação *ajustada* será alcançada quando se tenha produzido a mudança de voz e esta esteja plenamente formada. A entoação depende da freqüência com que as cordas vocais vibram durante a emissão e de algumas características próprias de cada indivíduo que imprimem personalidade ao seu tom fundamental. Entendemos por entoar o fato de dar a uma ou mais notas seu tom ajustado. Este estará relacionado com as notas anteriores e posteriores que forem executadas. Alguns alunos entoam com mais facilidade do que outros. Não se deve confundir a entonação com a cor da voz, a saúde desta ou a técnica respiratória, apesar de que buscaremos, com a técnica vocal, trabalhar alguns princípios que possibilitem uma impostação correta que sirva para sempre. Será necessário o uso do gravador para torná-los mais conscientes dos progressos e dos problemas a resolver. Buscaremos trabalhar o intervalo, mais do que a afinação de uma só nota, e o faremos sempre a partir de uma brincadeira.

Importância de sua aprendizagem

O ouvido como sentido receptor e a voz como meio expressivo devem estar conectados. A voz depende do ouvido (da recepção) para estabelecer o vínculo entre escutar modelos e tentar imitá-los. Trabalhar ambos é de especial importância para adquirir e desenvolver o senso da entonação. A entoação não depende exclusivamente da voz, depende também, em grande parte, do hábito de escutar ou de se escutar. O que se deve conseguir é que os alunos interiorizem e se conscientizem da importância que tem desenvolver as possibilidades do ouvido e da voz. Devem conscientizar-se do cuidado necessário, já que o ouvido e a voz são os principais instrumentos de comunicação que o ser humano tem, e que a saúde destes depende, em grande parte, da higiene e dos hábitos (no caso da voz e do ouvido) e da técnica de respiração e de emissão (no caso exclusivo da voz). Mediante o trabalho sobre o próprio corpo (entonação, possibilidades da voz, discriminação sonora, etc.), os alunos conscientizam-se mais da riqueza expressiva desses instrumentos e dos cuidados com a saúde, para usá-los com plena faculdade.

Grau e tipo de aprendizagem a se alcançar no ensino fundamental

Daremos muita importância ao uso da voz, evitando os gritos ou impostando-a bem (que saia da parte mais profunda do corpo, do ventre, não da garganta) no caso de ser necessário dar gritos. Dever-se-á praticar a técnica de respiração, emissão e impostação da voz e ampliar os conhecimentos teóricos (com diagramas, desenhos, estudos, análises dos modelos que os alunos tiveram, como a mãe, o pai, os professores, etc.). Dever-se-á trabalhar periódica e sistematicamente, já que, desde o princípio, todos os elementos que se integram na emissão e na entonação têm a mesma importância, e é pelos últimos anos do ensino fundamental que os alunos alcançarão o pleno senso da entonação e terão suficiente maturidade física para entoar corretamente. No entanto, nunca forçaremos a voz, mas iremos, isso sim, ampliando paulatinamente, para os agudos e para os graves, sua tessitura. A entonação ajustada...

Uma seqüência de ensino/aprendizagem

- *Nível apropriado*
Primeira série.

- *Objetivos referenciais*
    - Cantar em um registro cômodo e com uma intensidade moderada, individual e coletivamente, canções tradicionais do país, de outros países e de autores.
    - Conhecer e memorizar canções.
    - Ler no pentagrama as notas SOL-MI.
    - Praticar análises de canções.
    - Ter noções de higiene dos aparelhos auditivo e fonador.
    - Escutar, imitar, reconhecer, reproduzir, classificar sons e séries de sons segundo suas qualidades.
    - "Sentir interiormente" e memorizar sons, ritmos ou fragmentos de melodias e canções.
    - Reconhecimento auditivo e gráfico do SOL-MI.
    - Descobrir nas canções alguns conceitos básicos de linguagem musical trabalhados (figuras rítmicas, intervalos trabalhados e outros elementos gráficos).
    - Identificar intervalos de terceira menor (SOL-MI), por comparação.
    - Reconhecer o intervalo SOL-MI em pequenos fragmentos melódicos.
    - Reproduzir intervalos com resposta oral, visual e/ou escrita.
    - Prestar atenção às indicações musicais.
    - Relacionar a análise de intervalos com a interiorização da linguagem musical.

- *Conteúdos conceituais e atitudinais*
    – Conceituais
        - Canção tradicional do país, de outro país e de autor.
        - Canções em coro.
        - Canções com acompanhamento rítmico e/ou melódico.
        - A voz (falada e cantada), principal meio de expressão.
        - A voz (falada e cantada) e o ouvido, principais meios de comunicação.
        - Noções de higiene da voz e do ouvido.
        - O fato sonoro como elemento de comunicação: importância do silêncio.
        - As qualidades do som: timbre, duração, intensidade e altura.
        - Grafia de sons e silêncios.
        - Características dos aparelhos auditivo e fonador. Produção, emissão, deslocamento e recepção do som.
        - Vozes.
    – Atitudinais
        - Atenção, interesse, participação e respeito pela audição de sons.
        - Avaliação oral das interpretações e do trabalho com os sons.
        - Interesse pela emissão correta da voz.
        - Valorização da voz como instrumento de comunicação.

- Interesse, respeito e curiosidade pela riqueza do patrimônio musical do próprio país e de outros países.
- Curiosidade e interesse pelo fato sonoro.
- Predisposição pela justeza e precisão nas interpretações e na afinação.
- Prazer no aperfeiçoamento da afinação.
- Prazer na interpretação e na audição da música.

- *Conhecimentos prévios*
  - Silêncio.
  - Alturas: agudo, médio, grave. Grafias.
  - *Glissandos*: sirenes* de diferentes tipos e intervalos. Grafias.
  - Timbres.
  - Timbres de voz agradáveis e desagradáveis.
  - Intensidade: forte, médio-forte, fraco. Grafias.
  - Caráter de melodias diversas.
  - Audição interior de melodias (cantá-las e pensá-las).
  - Signos fonomímicos (SOL-MI).
  - Cantar apenas com o som das notas.
  - Pergunta-resposta.
  - Gritar forte e impostado, falar impostado, cantar fraco.
  - Ritmo da linguagem.
  - Notas falsas.
  - Noções de respiração e emissão da voz.

- *Atividades de ensino/aprendizagem*
1. Qualquer história servirá para conseguir silêncio em aula:
    Criação de sons que apareçam na história.
    Surgimento de um personagem que brinca afinando um intervalo (SOL-MI, sem dizer seu nome) e surgimento de um personagem que não o afina, mas o deseja. Comparação. Apresentação da fonomímica dessas notas (bem-feita e malfeita ao afiná-las ou não).
    Aventuras e sucessos desse segundo personagem para afinar como gostaria (por exemplo, sirenes, encantamentos que se produzem apenas ao cantar uma canção bem-afinada – para abrir uma porta, para encontrar um som ou outro, etc., etc.). Audição de melodias cantadas pelo professor ou professora com notas falsas.
    Quando esse personagem consegue afinar, os dois cantam uma canção juntos.
2. Debate sobre os motivos pelos quais aquele personagem queria afinar. Audição atenta e consciente da voz das pessoas mais próximas que os

---

* N. de R.T. Refere-se aos sons produzidos pela flauta de êmbolo.

rodeiam (professores, pais, mães, etc.). Higiene do ouvido e da voz. Técnica vocal (respiração, emissão, articulação de sons, etc.).
3. Desenho sobre o tema da história. Como imaginam os personagens.
4. Apresentação do SOL-MI no espaço sonoro. Fonomímica.
5. Apresentação de sua situação no espaço físico. Altura.
6. Brincadeiras com o corpo. O piano humano, etc.
7. Canto do SOL-MI passando pelos semitons que há entre as duas notas. Sirenes curtas. Brincadeiras.
8. Apresentação do pentagrama como uma extensão das linhas que separam os agudos, os médios e os graves.
9. Situar e escrever notas no pentragrama prestando atenção na situação relativa, não na absoluta (sem clave, em diversas posições) e dando importância ao intervalo mais do que à afinação de uma só nota.
10. Ecos melódicos.
11. Leitura de notas (SOL-MI).
12. Combinação das notas aprendidas com ritmos simples.
13. Combinação das notas aprendidas com intensidades (e *crescentes* ou *decrescentes*) distintas.
14. Combinação das notas aprendidas com timbres distintos.
15. Procurar esse intervalo aprendido nas canções que já conhecem e fazer uma lista ou classificação.

ANÁLISE E CLASSIFICAÇÃO DE CANÇÕES

Essa técnica conduzirá ao conhecimento da estrutura interna das canções (textual e musical) para encontrar elementos comuns e específicos que, permitindo agrupá-las na busca de relações entre as mesmas, ajudem na interiorização de elementos e símbolos musicais. Sendo uma dissecação da canção, focalizamos nossa atenção nos saltos melódicos, nas células rítmicas, no conteúdo textual ou em outros elementos musicais (expressivos, dinâmicos, formais, etc.), e podemos elaborar classificações muito diversas com as mesmas peças. Seria interessante realizar esta análise e a classificação posterior para nos darmos conta de que canções diferentes entre si podem ter aspectos comuns em suas seções: melódica, rítmica, formal, harmônica, simbólica e textual.

É preciso distinguir entre classificação e análise. Assim, a análise se fará sobre o texto e sobre todos aqueles símbolos musicais que a canção apresente, mas a classificação deverá centrar-se em aspectos determinados que queiramos destacar, como, por exemplo: elementos rítmicos e melódicos, coincidências formais, relações harmônicas simples, compassos, etc.

Importância de sua aprendizagem

A análise e a classificação de canções constitui-se em um esforço prévio a outros aspectos mais teóricos e áridos da matéria musical, como, por exemplo, a aprendizagem da linguagem musical, e é a melhor forma de interiorizar intervalos melódicos, elementos rítmicos e outros aspectos, já que a canção analisada fica mais conhecida e, portanto, é mais significativa que a abstrata linguagem musical. Já que se trata de escrever canções aprendidas, será um bom exercício para buscar o ritmo da linguagem e encontrar os pontos tônicos e átonos das palavras e das inflexões das frases.

A confecção do "Álbum de Canções" de aula é uma atividade possível, muito efetiva no que se refere ao conhecimento profundo da canção. No entanto, é uma recopilação que o aluno realiza com prazer, já que materializa algo tão pouco material como uma canção e disso resultará uma obra particular.

Grau e tipo de aprendizagem a se alcançar no ensino primário

Na linguagem musical, a análise e a classificação de canções sempre será realizada de forma mais dirigida nos primeiros anos e mais livremente nos últimos. Deverá estabelecer-se, desde o começo e de um modo claro, o esquema de trabalho e a metodologia a seguir, a fim de que a recopilação e o índice (talvez a parte mais importante) permita encontrar facilmente os pontos de contato e em comum entre diversas peças. Mesmo que as canções sejam novas em cada série, serão aproveitadas recopilações realizadas em séries anteriores para realizar análises e classificações distintas, já que o conhecimento do aluno sobre a estrutura das canções terá enriquecido. Durante toda a aprendizagem, buscar-se-á valorizar as contribuições pessoais de cada sujeito e, cada vez mais, será realizada a recopilação de canções (entre membros da família, ou, no caso de viagem ou alguns passeios, de uma dada população) e a posterior análise (como foi cantada e a comparação com a possível versão anterior).

Nos dois primeiros anos do ensino fundamental, a atividade será totalmente dirigida, trabalhando cada aspecto (melódico, rítmico e textual) separadamente, classificando apenas um dos aspectos por canção e limitando-nos ao elemento. Também deverá ser realizada a análise dos símbolos musicais trabalhados (expressivos, dinâmicos, de repetição, compasso, etc.).

Na terceira e quarta séries, ainda se fará de forma dirigida, mas poderemos elaborar um índice mais complexo, considerando dois aspectos por canção. A análise e a classificação serão feitas por elementos, caso se apresentem motivos novos e por frases quando os elementos rítmicos ou melódicos forem alcançados. Também poderão ser analisados para que a entrada nos cânones se produza em um determinado lugar, introduzindo, assim, a análise harmônica de algum fragmento de cânones ou de peças a duas vozes e de outros aspectos que podemos encontrar numa partitura, sem esquecer outros itens que se referem à forma e aos signos musicais marginais trabalhados.

A autonomia dos alunos aumentará e, nas outras séries, poderão fazer o índice da recopilação, levando em conta as seções principais de uma canção. A peça será analisada globalmente, mas, de qualquer forma, não se deixará de fazer a análise de elementos naqueles motivos ritmos e melódicos de nova aprendizagem. Também será necessário fazer a análise harmônica.

Uma seqüência de ensino/aprendizagem

- *Nível apropriado*
  Segunda série.

- *Objetivos referenciais*
    - Reconhecer, auditiva e graficamente, as canções.
    - Identificar elementos comuns de diversas canções e agrupá-las segundos os mesmos.
    - Descobrir, nestas canções, alguns dos conceitos básicos de linguagem musical trabalhados (figuras rítmicas, intervalos trabalhados e outros elementos gráficos).
    - Identificar, por comparação, intervalos e ritmos conhecidos.
    - Reconhecer intervalos conhecidos em pequenos fragmentos melódicos.
    - Reconhecer elementos rítmicos conhecidos em partituras.
    - Elaborar um índice.
    - Relacionar a canção com outras áreas do ensino.
    - Relacionar a análise e a classificação de canções com a interiorização da linguagem musical.
    - Copiar canções com uma grafia tão cuidosa quanto seja possível.

- *Conteúdos conceituais e atitudinais associados*
    – Conceituais
        - Conhecimento da linguagem musical.
        - Grafia de sons e silêncios.
        - Notação rítmica.
        - Notação melódica.
        - Notação de signos musicais.
        - Valor do silêncio.
    – Atitudinais
        - Interesse pela escuta.
        - Interesse, respeito e curiosidade pela riqueza do patrimônio musical do país e pelo conhecimento das obras.
        - Predisposição para a utilização correta da grafia musical.
        - Boa apresentação dos trabalhos escritos.
        - Valorização do trabalho bem realizado.

- *Conhecimentos prévios*
    - Figuras musicais: a semínima e sua pausa, a colchéia, a mínima e sua pausa.
    - Cinco sons da escala musical e as relações interválicas.
    - Compasso binário 2/4.
    - Dupla barra final e pontos de repetição.
    - Piano, *forte* e *mezzoforte*.

- *Atividades de ensino/aprendizagem*

Está claro que tal processo envolve um longo tempo, pois a análise das canções poderá realizar-se quando se tenha aprendido cada uma delas, mas a comparação e a classificação de canções deverão esperar a obtenção de um bom repertório.

- Análise

Preparamo-nos para realizar uma análise, principalmente estrutural, de uma canção. Por isso, tendo inventar uma dança seguindo uma estrofe ou respeitando um estribilho (onde sempre se fará o mesmo movimento, ou não), favorecemos o processo de assimilação da estrutura musical. Apesar de centrar a análise na estrutura, também se buscará realizar a análise rítmica, melódica e textual da canção.

1. Aprender uma canção tradicional do país, de memória, escutando e imitando o professor ou a professora. A canção, se possível, deve conter as figuras aprendidas (semínima e sua pausa, colcheia e branca e sua pausa) e as notas conhecidas (SOL-MI-DÓ-RÉ). Trabalhar a técnica de respiração, de emissão e de expressão.
2. Inserir contexto (histórico, cultural, temático, etc.).
3. Escrever os fragmentos ausentes que se encontram na partitura incompleta que o professor ou a professora deu a cada grupo. Estarão vazios para que os alunos possam preenchê-los a partir de seus próprios conhecimentos.
4. Recopilar e preencher conjunto das notas e/ou das figuras rítmicas que apareceram. Fazer um lista e relacioná-la com outros conteúdos.
5. Acrescentar a letra, procurando o ritmo da linguagem que coincida com o ritmo musical. Em caso de haver mais de uma estrofe, todos devem seguir um mesmo esquema formal e compositivo e escrever os versos abaixo ou de um lado da partitura.
6. Apresentação e comparação.
7. Fazer, na mesma folha onde se encontra a partitura e a letra, um desenho que ilustre a temática da canção.
8. Inventar, em grupo, uma dança, tendo a canção como eixo central.
9. Na parte posterior da folha, explicar a dança com a linguagem de cada um e com ilustrações esclarecedoras dos passos.
10. Apresentar em conjunto as danças inventadas. Compará-las e constatar se é mantida uma mesma estrutura, embora os movimentos possam ser diferentes.
11. Expor todos os aspectos que foram aparecendo. Elaborar um quadro que integre as diferentes visões e conclusões a que os grupos chegaram.

- *Classificação*
1. Propor um núcleo que permita agrupar as canções. Dispomos de várias possibilidades: um elemento rítmico comum, um intervalo em seu início (essa possibilidade favorece a aprendizagem de saltos melódicos), um mesmo tema, etc. O professor ou a professora pode tomar a decisão ou fazer um debate em aula sobre a conveniência do elemento que é necessário destacar.
2. Elaborar uma lista, em ordem alfabética, de canções com coincidências quanto ao elemento de classificação escolhido.
3. Fazer o mesmo por equipes sobre outros aspectos das canções.
4. Confecionar o índice por temas, ritmos, intervalos, etc.
5. Encadernar as canções, com o índice no final.

IMITAÇÃO DE SONS

Para desenvolver esse conteúdo procedimental, é necessário discriminar os parâmetros do som. Evidentemente, o que precede qualquer imitação é a atenção sobre a coisa ser imitada. Quando se trata de sons, então, precisa-se valorizar e alcançar, em primeiro lugar, o silêncio. Uma vez conseguida essa atenção, podemos iniciar o trabalho específico de discriminação e emissão de sons, tentando nos aproximar cada vez mais do espectro sonoro que escutamos. A recepção/emissão de sons deverá efetuar-se de todos os ângulos possíveis, não apenas desde o frontal, mas também dos laterais. Para aperfeiçoar essa técnica, deverão gravar-se, reproduzir e analisar os progressos que nos aproximam da emissão do som que procuramos, sempre que seja possível.

Também levaremos em conta a possibilidade de escrever esses sons inventando uma grafia, de modo que isso se torne uma partitura interpretável. Recomendamos que todos os exercícios de voz tenham caráter lúdico, centrando-se em um contexto determinado (como, por exemplo, uma história). Relacionaremos os conteúdos com outras áreas do ensino.

Importância de sua aprendizagem

Essa técnica obriga a trabalhar dois aspectos principais: a discriminação sonora e a modulação da voz e/ou corpo a fim de reproduzir o som que escutamos previamente. Muitas dificuldades na linguagem podem se dever a dificuldades auditivas, daí o interesse e a necessidade de trabalho de discriminação sonora. Alguns problemas na articulação de determinados sons podem ser resolvidos com a flexibilização conseguida graças a essa técnica. Aprofunda o conhecimento do próprio corpo e é um bom exercício de coordenação sensório-motora e de orientação espacial e temporal.

Grau e tipo de aprendizagem a se alcançar no ensino fundamental

Na 1ª e 2ª séries vamos nos centrar principalmente nos sons naturais, quer dizer, aqueles sons que tenham sua origem na natureza ou que sejam muito significativos para os alunos, como, por exemplo, algumas máquinas (trem, carro, sirenes, etc.). Serão reproduzidos sons repetitivos e não excessivamente breves, seguindo uma pulsação, variando alternadamente sua intensidade ou sua altura.

Durante a 3ª e a 4ª séries, usaremos sons com parâmetros mais complexos (instrumentos musicais, acústicos, etc.) e aperfeiçoaremos a emissão de sons dos anos anteriores. A duração dos sons poderá ser mais breve do que antes, e trabalharemos com matizes de intensidade e altura mais agudos. Criaremos, também, ritmos com esses sons e improvisaremos outros novos. Durante essas séries e as seguintes, a voz alcançará seu melhor momento no que se refere à riqueza harmônica, ao timbre e à extensão.

Na 5ª e na 6ª séries, podemos, ademais, entrar no campo dos sons artificiais e aperfeiçoar aqueles imitados anteriormente. A duração de sons poderá ser mais breve e serão realizados motivos rítmicos e *obstinatos* para acompanhar alguma peça musical. Procuraremos todas as possibilidades da voz e do corpo, e modularemos os sons variando sua intensidade, altura e timbre, realizando, inclusive, alguma harmonia.

Uma seqüência de ensino/aprendizagem

- *Nível apropriado*
Terceira série.

- *Objetivos referenciais*
    - Mostrar a capacidade de "ouvir interiormente".
    - Conhecer os aparelhos auditivo e fonador.
    - Conscientizar-se da importância da voz e do ouvido e ter os devidos cuidados com eles.
    - Saber escutar com atenção, interesse e silêncio, e esforçar-se por conseguir uma boa audição interior.
    - Interiorizar relações sonoras.
    - Escutar, reconhecer, imitar, reproduzir, analisar, classificar e ordenar os sons e suas qualidades.
    - Observar o ambiente sonoro do meio e conscientizar-se da importância do silêncio.
    - Encontrar a procedência espacial de um som ou de vários deles.
    - Mostrar interesse em alcançar precisão na imitação e na emissão de sons.
    - Expressar-se e comunicar-se por meio de sons e silêncios.
    - Combinar criativamente sons e silêncios.
    - Improvisar e criar sons.

- Responder corporalmente a diferentes estímulos sonoros.
- Representar graficamente o silêncio, os sons e suas qualidades, segundo uma grafia inventada, mas convencional para os colegas.
- Reconhecer os sons auditiva e graficamente.
- Localizar os sons que em geral podem ser criados a partir de uma história.
- Aceitar com prazer a relação com qualquer colega ao fazer exercícios em grupo.
- Valorizar e respeitar o trabalho próprio e o alheio.

- *Conteúdos conceituais e atitudinais associados*
  – Conceituais
    - A voz, principal meio de expressão.
    - O fato sonoro como elemento de comunicação: importância do silêncio.
    - Grafia de sons e silêncios.
    - Produção de som.
    - Relação dos sons com outras áreas do ensino.
  – Atitudinais
    - Interesse pela escuta.
    - Atenção, interesse, participação e respeito.
    - Avaliação oral das interpretações, do trabalho com os sons, das criações individuais e coletivas.
    - Emissão correta da voz.
    - Valorização da voz como meio de comunicação.
    - Curiosidade e interesse pelo fato sonoro.
    - Justeza e precisão nas interpretações.
    - Utilização correta de uma grafia que foi acordada.
    - Audição interna e consciente.
    - Prazer na interpretação de sons.

- *Conhecimentos prévios*
  - O valor do silêncio.
  - Noções de higiene da voz. É importante porque a imitação de sons pode forçar excessivamente a voz. É preciso conhecer as limitações do próprio aparelho fonador.
  - Características e higiene do aparelho auditivo.
  - As qualidades do som: timbre, duração, intensidade e altura.

- *Atividades de ensino/aprendizagem*
  – Fase I
1. Conscientizar-se do silêncio relativo.
2. Escutar sons de um determinado ambiente sonoro (selva, campo, cidade, escola, etc.) e imitar um por um.

3. Todos em círculo. Cada um deve imitar um som do ambiente escolhido e relacionado com um centro de interesse. Todos (um por um) reproduzem seu som enquanto os demais o escutam.
4. Quando o educador faz um sinal, todos reproduzem seu som durante o tempo necessário para ver o efeito real do ambiente sonoro escolhido, ou selecionam-se os grupos de sons pertinentes.
5. Debate sobre as sensações que sentiram e o que escutaram.
6. Gravar os sons escolhidos e escutá-los (um por um e todos ao mesmo tempo).
7. Realizar uma partitura dos sons e interpretá-la.

– *Fase II*
1. Conscientizar-se do silêncio relativo.
2. Antes de mais nada, é necessário um conhecimento profundo do espaço (limites, obstáculos, etc.), com brincadeiras prévias, de esconder, pegar, etc., onde o corpo seja o ponto de referência.
3. Escutar sons de um determinado ambiente sonoro (selva, campo, cidade, escola, etc.) e imitar um por um.
4. Quando já conhecem o espaço (que deveria ser fechado ou, se não, ter limites estabelecidos) e os sons foram trabalhados, os alunos se situam em círculo e têm os olhos tapados. Cada um escolhe um som e o imita.
5. O educador coloca-os em pares e eles se dão as mãos. Cada aluno emite seu som, e seu companheiro deverá reconhecê-lo e memorizá-lo (ou podem combinar entre eles para reproduzir o mesmo som). Soltam as mãos. A partir desse momento, temos duas possibilidades para continuar a brincadeira (que pode terminar ao se achar, pelo tato ou pela voz, o companheiro com que forma o par):
    - Ao soar uma determinada música, mudam de lugar (perdem-se no ambiente escolhido), acompanhando-a com o movimento corporal e tentando localizar os possíveis obstáculos. Quando a música cessa, param e emitem seu som. Então tentam localizar seu companheiro até que volte a soar a música ou se encontrem.
    - Sem música. Movem-se durante todo o tempo e emitem seu som. O som do companheiro se move constantemente em meio aos outros pares, embora a relação de dependência com o companheiro não seja tão forte como no caso anterior.
6. Debate sobre as sensações que sentiram e o que escutaram.
7. Gravar os sons escolhidos e escutá-los (um por um e todos ao mesmo tempo).
8. Realizar uma partitura dos sons e interpretá-la.
9. Pode-se fazer o mesmo, mas agora com três companheiros.

– *Fase III*
1. Localizar os sons que em geral podem ser criados a partir de uma história.
2. Gravá-los, escutá-los e buscar uma grafia significativa.
3. Elaborar a partitura da história por grupos e interpretá-la só com sons. Os que escutam devem adivinhar qual é a história.

COMBINAÇÃO COGNITIVA/CRIATIVA DE SONS E SILÊNCIOS

O som, mostrado isoladamente, não tem um valor musical específico. Deve ser combinado adequadamente com outros sons e silêncios para poder ser chamado de música. A criação de uma peça musical depende do gosto pessoal e de alguns conhecimentos técnicos. Ambos os aspectos podem ser desenvolvidos com a audição de exemplos e com a realização de exercícios e a avaliação posterior à execução da peça.

Importância de sua aprendizagem

Fazer música, interpretá-la, é o melhor caminho para amá-la e conhecê-la. A abstração posta pela passagem de uma partitura para uma obra musical (já que a partitura nada mais é que uma sombra do que deve ser a música), ou de uma obra musical imaginada para uma partitura, é um exercício de esforço de estruturação do pensamento que talvez não encontraremos em nenhuma outra atividade. Os conhecimentos técnicos musicais tornam-se mais significativos com este trabalho. A criação e o estudo de uma peça que desejamos interpretar faz com que se valorize o silêncio necessário para fazê-lo, assim como ocorre com a poesia.

Grau e tipo de aprendizagem a alcançar no ensino primário

Sempre será estabelecido em função dos conhecimentos prévios de linguagem musical. Assim, pois, a exigência técnica nunca poderá ir além dos conceitos adquiridos, embora possa ser introduzido algum novo conceito por causa da necessidade real dos alunos. A exigência estética não poderá ser estabelecida segundo os padrões do professor ou da professora, já que o gosto sempre é pessoal. Deverá ser valorizado, pois, o gosto do aluno ou da aluna e deixar que sua criatividade se desenvolva, orientando-a apenas para potencializá-la. O que podemos exigir é fidelidade (pelos matizes, etc.) na hora de interpretar o que foi escrito anteriormente.

Uma seqüência de ensino/aprendizagem

- *Nível apropriado*
Quarta série.

- *Objetivos referenciais*
    - Conhecer e identificar canções ou fragmentos de audição por seu ritmo, pela leitura em partitura, etc.

- Acompanhar canções com suporte rítmico e/ou melódico.
- Ler canções com partitura.
- Praticar a análise de canções: ritmo, melodia, métrica, estrutura e cadências.
- Relacionar a canção com outras áreas do ensino.
- Escutar, imitar, reconhecer, reproduzir, classificar sons ou séries de sons segundo suas qualidades.
- "Sentir interiormente" e memorizar sons, ritmos ou fragmentos de melodias e canções.
- Inventar ritmos e/ou melodias, individual e coletivamente, com ou sem texto, e ser capaz de interpretá-los.
- Interpretar e criar pequenas composições combinando as qualidades do som: com o próprio corpo, objetos e instrumentos.
- Reconhecer intervalos em pequenos fragmentos melódicos.
- Reproduzir intervalos com resposta oral, visual e/ou escrita.
- Ler e escrever os elementos aprendidos da linguagem musical.
- Memorizar e improvisar ritmos e/ou melodias de uma duração adequada (umas oito pulsações).
- Praticar a audição interior.
- Reconhecer os elementos rítmicos e as melodias aprendidos gráfica e auditivamente.
- Praticar o reconhecimento auditivo e a afinação de intervalos por comparação.
- Escutar música ao vivo ou gravada.
- Praticar a leitura e a escrita de temas e frases musicais.

- *Conteúdos conceituais e atitudinais associados*
    – Conceituais
        - O fato sonoro como elemento de comunicação: importância do silêncio.
        - As qualidades do som: timbre, duração, intensidade e altura.
        - Grafia dos sons e silêncios.
        - Produção do som.
        - Notação rítmica.
        - Notação melódica.
        - Signos de expressão, de caráter, de dinâmica.
        - Formas musicais.
        - Características do corpo como elemento produtor de som.
    – Atitudinais
        - Interesse por escutar.
        - Atenção, participação e respeito pelo trabalho realizado.
        - Avaliação oral das interpretações, do trabalho com os sons, das criações individuais e coletivas.
        - Interesse pela emissão correta da voz como meio de comunicação.

- Interesse pela justeza e precisão nas interpretações rítmicas, na afinação.
- Atitude positiva em relação à utilização correta da grafia musical.
- Boa apresentação dos trabalhos escritos.
- Audição atenta e consciente.
- Encontrar prazer na interpretação e na audição musical.

- *Conhecimentos prévios*
    - Motivo musical.
    - Elemento rítmico.
    - Fraseio. Pergunta-resposta.
    - Escala diatônica.
    - Compasso binário, ternário e quaternário.
    - Ritmo da linguagem.
    - Se mínima e sua pausa, colcheia, mínima e sua pausa, se mínima pontuada e mínima pontuada.
    - Possibilidades sonoras do corpo.

- *Atividades de ensino/aprendizagem*
1. História: "O senhor Silêncio".
    Um povoado ou cidade onde há muito barulho. Os pássaros fogem porque não podem-se comunicar. Os meninos e meninas ficam doentes (não ouvem nada e têm os ouvidos inflamados, não dormem e têm os olhos inchados...). Enviam uma carta ao senhor Silêncio. O senhor Silêncio os visita. Por onde ele passa produz-se um silêncio absoluto (onde latia um cachorro, o som desaparece, embora não o gesto, onde se ouvia o rumor de um carro...). Ele aparece e se faz o silêncio. Os meninos e as meninas descansam e recuperam a saúde. Todos os habitantes conscientizam-se da importância do silêncio.
2. O senhor Silêncio se apresenta na aula. Os alunos e as alunas devem deslocar-se sem fazer nenhum ruído.
3. Procuram papéis circulares coloridos (onde constam seus nomes) que estão colocados ao redor da aula.
4. Quando cada um encontra o papel com seu nome, volta com ele para seu lugar e lê instruções que estão escritas. Deve haver uma nota, um fragmento de melodia, sons diversos, etc., e os nomes dos colegas com os quais devem se reunir.
5. Quando todos têm seu papel e sabem o que deve ser feito, juntam-se e tentam formar uma melodia que deverão cantar. Experimentam diferentes possibilidades com as mesmas notas, fragmentos de melodia e/ou sons produzidos com o corpo. Escolhem a que mais gostam.
6. Escrevem a melodia em um pentagrama.
7. Acrescentam a letra (inventada ou não).

INTERPRETAÇÃO DE DANÇAS

Este conteúdo procedimental consiste em imitar ou criar uma série de movimentos a fim de interpretar com o corpo o que a música expressa com sua linguagem abstrata. É imprescindível o máximo conhecimento do próprio corpo, a máxima precisão rítmica, o domínio da orientação espaço-temporal e a coordenação sensório-motora. Deverá potencializar-se o movimento livre no espaço e também o organizado, centrando-nos, principalmente, nas danças tradicionais do país e do resto do mundo e nas popularizadas. Buscar-se-á inserir cada dança em um espaço e em um tempo específicos (onde, quando e por que motivo se dançava ou se dança) para enriquecer, assim, a bagagem cultural dos alunos e/ou inter-relacioná-la com outras áreas do ensino. Os exercícios de ritmo corporal, iniciados sensorialmente, serão analisados cada vez mais, até se reconhecer neles combinações rítmicas e diferentes tipos de métrica. Será necessário, também, analisar os elementos que constituem a dança (tempo, métrica, frases, estrutura, marcação e coreografia) e relacioná-los com os conhecimentos específicos da linguagem musical.

Importância de sua aprendizagem

A dança é a síntese do que a música é para as crianças. Sempre, ao ouvir o fato sonoro, os alunos experimentam a necessidade de traduzir o que ouvem em movimento do corpo. A música apresenta-se a eles vivencialmente como um estímulo de movimento. Potencializa, entre outras coisas, a expressão, a criação, a dramatização, o conhecimento de seu corpo, a precisão rítmica, a orientação espaço-temporal, a coordenação sensório-motora. É uma atividade muito importante de inter-relação social. Capacita para a improvisação de movimentos livres, acompanhados ou não de sons (espontaneidade gestual, desbloqueio corporal, etc.). É a forma mais completa de comprovar o senso rítmico e melódico dos alunos e de unir trabalho de análise musical com o domínio do corpo e do espaço da harmonia de movimentos.

Grau e tipo de aprendizagem a se alcançar no ensino primário

A resposta corporal a diferentes estímulos sonoros encontra na dança as máximas possibilidades de expressão. A coordenação de movimentos, segundo uma pulsação ou um ritmo, será criativa, livre e espontânea durante todo o ensino fundamental (principalmente na 1ª e na 2ª séries) e se alternará com as danças coletivas, individuais e em pares (que estarão mais presentes na 3ª e na 4ª séries do que a dança livre), bem como com as danças populares (principalmente a partir da 5ª série). A exigência deverá ser estabelecida em função das possibilidades de controle motor dos alunos e dos diferentes *tempos* internos de cada idade.

Uma seqüência de ensino/aprendizagem

- *Nível apropriado*
  Quinta série.

- *Objetivos referenciais*
    - Mover-se livremente, expressando com o corpo o que a música sugere.
    - Adequar o movimento à pulsação e à combinação de fórmulas rítmicas mais complexas, seja individualmente, aos pares ou em grupo.
    - Reagir com movimentos a diferentes combinações rítmicas que posteriormente se integrarão à linguagem musical.
    - Dançar danças tradicionais adequadas à idade.
    - Analisar os elementos que constituem a dança: tempo, métrica, frases, estrutura, marcação e coreografia.

- *Conteúdos conceituais e atitudinais associados*
    – Conceituais
        - A pulsação do ritmo.
        - As figuras rítmicas.
        - A métrica.
        - O *tempo*.
        - As frases.
        - A estrutura.
        - A marcação.
        - A coreografia.
    – Atitudinais
        - Interesse pelo movimento corporal harmônico.
        - Audição atenta e consciente.
        - Valorização do corpo como meio de expressão.
        - Postura corporal correta.
        - Boa relação com os/as colegas.
        - Encontrar prazer na interpretação de danças.

- *Conhecimentos prévios*
    - Caráter melódico de diferentes peças musicais (triste, alegre, movimentado, frenético, etc.). Expressão com o corpo.
    - Compassos binário e terciário. Os acentos no ritmo. Os acentos rítmicos traduzidos no corpo.
    - Diversas possibilidades de movimento gestual, com os pés e com o corpo em geral.
    - Harmonia e desarmonia no movimento e no gesto.
    - A dança: expressão coletiva, não individual.

- *Atividades de ensino/aprendizagem*
1. Audição da música.
2. Contextualização (geográfica, histórica, cultural, etc.) da dança. Instrumentos que intervêm e papel de cada um deles.
3. Forma. Trabalho dos motivos e das frases.
4. Postura inicial.
5. Trabalho específico dos movimentos de maior dificuldade. Buscar referenciais nos conhecimentos prévios dos alunos.
6. Encadeamento de movimentos.
7. Coreografia geral. Deslocamentos de grupo.
8. Posição final. Não deixá-la livre, mas terminá-la, sobretudo se é de exposição (por exemplo, com uma saudação. A maioria das danças tradicionais não tem um final específico).
9. Transcrição da dança para o papel, inventar símbolos e desenhos que possam servir de registro.
10. Elementos à margem da dança propriamente dita. Complementos, vestuários, etc.
11. Recopilação escrita da partitura (destacando as partes), a letra (se é que tem) e todos os elementos trabalhados anteriormente. Acrescentar observações pessoais de cada aluno.

CRIAÇÃO MELÓDICA

Evidentemente, com a técnica, a criação dispõe de mais canais para expandir-se do que sem ela. A criação de uma melodia que nos pareça prazerosa é, no entanto, algo misterioso, que depende de certos parâmetros que não podemos fixar. A conscientização do gosto pessoal será o caminho que deveremos seguir para desenvolver a própria linguagem expressiva. Por isso, como acontece com todos aqueles aspectos relacionados com o desenvolvimento da sensibilidade, o único modo de utilizar, com certos resultados positivos, a linguagem expressiva artística é mediante a prática constante, a originalidade pessoal, a audição de exemplos e a crítica e autocrítica posteriores. De qualquer forma, deverá ser evitada a criação desorganizada e a potencialidade expressiva será orientada examinando muito o terreno dos recursos, para ir ampliando-o cada vez mais. Sempre se partirá de uma necessidade real, mas essa questão poderá encontrar soluções na audição de obras e na análise de exemplos.

Deve-se ter presente que é preciso estimular os meninos e as meninas para que todos possam chegar a ser músicos, criadores e artistas, embora muitas vezes a criação musical não ultrapasse certos parâmetros definidos. Esse fato não nos deve preocupar muito, já que nossa intenção como educadores não é tanto que os alunos alcancem níveis elevados de criação, mas que tenham interesse e compreendam qual é seu processo, fatos que potencializarão o que mais nos interessa: que amem a música e usufruam dela.

Importância de sua aprendizagem

Criar música é uma das melhores formas de amá-la e conhecê-la. A abstração exigida pela passagem de uma obra musical imaginada para uma partitura é um exercício de esforço de estruturação do pensamento que talvez não apareça em nenhuma outra atividade. Os conhecimentos técnicos musicais tornam-se mais significativos com este trabalho. A criação de uma peça que desejamos interpretar faz com que se valorize, como na poesia, o silêncio necessário para isso, além dos recursos lingüísticos que estamos utilizando.

Grau e tipo de aprendizagem a alcançar no ensino fundamental

Devem ser estabelecidos em função dos conhecimentos prévios da linguagem musical. A exigência técnica nunca poderá ir além dos conceitos adquiridos. É possível, no entanto, que os alunos precisem, a partir de seu trabalho, da introdução de algum conceito novo, a fim de poderem manifestar o que a necessidade expressiva e a prática os levaram a desenvolver. Será, pois, uma necessidade real que deverá ser satisfeita. A avaliação estética não deverá guiar-se pelos padrões do professor ou da professora, mas pelo gosto dos alunos. É preciso estimular a criatividade de cada aluno ou aluna. Deveremos pedir, apenas, que sejam fiéis a seus próprios pensamentos e que as limitações da linguagem não constituam um obstáculo para poderem expressar o que desejam.

Uma seqüência de ensino/aprendizagem

- *Nível apropriado*
Sexta série.

- *Objetivos referenciais*
    - Conhecer e identificar canções ou fragmentos de audição por seu ritmo, pela leitura em partitura, etc.
    - Acompanhar canções com o suporte rítmico e/ou melódico.
    - Ler canções com partitura.
    - Praticar a análise de canções: ritmo, melodia, métrica, estrutura e cadências.
    - Relacionar a canção com outras áreas do ensino.
    - Escutar, imitar, reconhecer, reproduzir, classificar sons ou séries de sons segundo suas qualidades.
    - Ouvir interiormente e memorizar sons, ritmos ou fragmentos de melodias e canções.
    - Interpretar e criar pequenas composições combinando as qualidades do som com o próprio corpo, com objetos e com instrumentos.
    - Reconhecer intervalos em pequenos fragmentos melódicos.
    - Reproduzir intervalos com resposta oral, visual e/ou escrita.
    - Ler e escrever os elementos aprendidos da linguagem musical.

- Memorizar e improvisar ritmos e/ou melodias de uma duração adequada (umas oito pulsações).
- Praticar a audição interior.
- Reconhecer os elementos rítmicos e melódicos aprendidos, auditiva e graficamente.
- Praticar o reconhecimento auditivo e a afinação de intervalos por comparação.
- Inventar ritmos e/ou melodias, individual e coletivamente, com ou sem texto, e ser capaz de interpretá-los.
- Escutar música ao vivo ou gravada.
- Praticar a leitura e a escrita de temas e frases musicais.

- *Conteúdos conceituais e atitudinais associados*
  – Conceituais
    - O fato sonoro como elemento de comunicação: importância do silêncio.
    - As qualidades do som: timbre, duração, intensidade e altura.
    - Grafia dos sons e silêncios.
    - Produção do som.
    - Notação rítmica.
    - Notação melódica.
    - Signos de expressão, de caráter, de dinâmica.
    - Formas musicais.
    - Características do corpo como elemento produtor de som.
  – Atitudinais
    - Interesse por escutar.
    - Atenção, participação e respeito pelo trabalho realizado.
    - Avaliação oral das interpretações, do trabalho com os sons, das criações individuais e coletivas.
    - Emissão correta da voz.
    - Utilização adequada do corpo.
    - Valorização da voz como meio de comunicação.
    - Justeza e precisão nas interpretações rítmicas, em afinação.
    - Utilização correta da grafia musical.
    - Boa apresentação dos trabalhos escritos.
    - Audição atenta e consciente.
    - Encontrar prazer na interpretação e na audição da música.

- *Conhecimentos prévios*
    - Motivo musical.
    - Elemento rítmico.
    - Fraseio. Pergunta-resposta.
    - Compasso 2/4, 3/4, 4/4 e 6/8.
    - Signos de dinâmica e expressão.

- Ritmo da linguagem.
- Figuras e grupos rítmicos e suas pausas.
- Anacruse.
- Possibilidades sonoras da voz e dos instrumentos que têm ao seu alcance.
- Noções de combinação de instrumentos.
- Noções de linguagem cinematográfica.
- Noções da música de cinema (música endógena, exógena, efeitos especiais, etc.).

- *Atividades de ensino/aprendizagem*
1. Projeção de um filme de curta metragem (uns cinco minutos).
2. Apontamentos sobre as situações que se produzem e da música e/ou efeitos especiais que deverão ser aplicados.
3. Confecção do esquema. Marcação de tempo das partes e instrumentos que devem aparecer.
4. Invenção de aparelhos e instrumentos que possam servir para realizar efeitos especiais.
5. Realização, em grupos, de um desenho que seja uma síntese da cena a ser trabalhada. Composição dos efeitos especiais ou da melodia de uma destas cenas.
6. Transcrição das composições para o papel.
7. Solução dos problemas e questões técnicas que se apresentem.
8. Intercâmbio das partituras. Cada grupo deverá interpretar o que não escreveu, o que obriga a usar e a interpretar corretamente os símbolos musicais.
9. Estudo da partitura, pessoal e por grupos.
10. Execução das partes de modo separado.
11. Ensaio. Projeção do filme por cenas, com o acompanhamento musical.
12. Execução da obra inteira.
13. Ensaio. Projeção do filme inteiro com o acompanhamento musical.
14. Projeção do filme com o acompanhamento instrumental ao vivo para todas as séries da escola.
15. Gravação da fita.

4
Educação Artística: Artes Plásticas

Dolors Dilmé, Missún Forrellad, Rosa Gratacós, Montserrat Oliver

OS CONTEÚDOS PROCEDIMENTAIS NA ÁREA DA EDUCAÇÃO VISUAL E PLÁSTICA

Muitos educadores, no campo da educação plástica, viram-se tentados a transformar procedimentos no único objetivo de seu ensino.

Assim, trabalham o desenho, a pintura, a gravura ou a argila, dedicando-se mais ao desenvolvimento da técnica do que à reflexão, enquanto nos explicam que a qualidade da produção é questão da inspiração, do bom gosto ou da sensibilidades do executor. Em conseqüência, as produções estereotipadas, de cunho automático, seriam o resultado da incapacidade do aluno, e nada teriam a ver com o que e o como das contribuições do professor.

Para nós, os conteúdos procedimentais não podem ser transformados no eixo principal do ensino artístico. Interessa-nos que esses conteúdos se desenvolvam em função de objetivos gerais, que impliquem a formação da faculdade de pensar em tudo aquilo que pede a interpretação e a recriação da realidade. Isso nos levará a que os conteúdos procedimentais associados a técnicas ou a habilidades plásticas tenham a finalidade última de favorecer uma expressão/produção mais segura e variada. Lembremos uma citação de Brunner – *Hacia una teoría de la instrucción [Para uma teoria da instrução]*. Barcelona, Hispano-Americana, 1972) – que ajuda a esclarecer o que comentamos:

"A utilização que o homem faz de seu intelecto depende de sua capacidade para desenvolver e usar utensílios, instrumentos ou técnicas que possibilitaram expressar e ampliar suas faculdades".

Que valor, portanto, damos aos conteúdos procedimentais na educação visual e plástica?

A arte existe enquanto representação. A obra de arte é o produto da ação de plasmar uma idéia.

A possibilidade de representar é condicionada tanto pelo conhecimento de certos conceitos, teorias, história, etc., definidores da idéia, como pelo domínio de certos procedimentos, condicionantes da qualidade da obra.

Essa inter-relação pensamento-habilidade/procedimento-produto é conhecida desde antigamente, e a encontramos bem definida na seqüência clássica aristotélica:

EIDOS	+	TEKNE	→	POIETIKE	→	PRODUTO
Idéia		Técnica/procedimento		Ação		Obra de arte

O que nos interessa focalizar aqui é o fato de que o produto, ou o resultado, depende, em última instância, do exercício de algumas habilidades, do domínio de alguns procedimentos; mas o significado de um produto nos remete à idéia que representa, a obra é a imagem ou padrão da idéia que o artista/artesão quer plasmar.

O valor da idéia é tal que inclusive condiciona a escolha da técnica. Mas as idéias em relação ao fazer, à ação, dependem do grau de domínio dos procedimentos. Tanto é assim que o aperfeiçoamento das habilidades aumenta os âmbitos de escolha de estratégias, e mais: a idéia só pode chegar a existir, a ser plasmada, por meio da habilidade.

Em conseqüência, mede-se o valor de uma obra, a validade de um trabalho, em função do domínio dos procedimentos empregados na concretização da idéia.

Assim, pois, é perda de tempo falar dos procedimentos na educação artística; como dissemos, sem procedimentos não existe a possibilidade de representar, a obra não pode existir, a arte não tem razão de ser.

OS CONTEÚDOS PROCEDIMENTAIS MAIS SIGNIFICATIVOS

Interessa-nos destacar aqueles conteúdos procedimentais mais gerais, porque estão na base de qualquer procedimento mais específico e porque temos a convicção de que no trabalho de representação de uma idéia nunca encontramos um único procedimento, mas uma concentração de processos diferentes, anteriores e posteriores àquele que em um determinado instante nos interessa trabalhar de um modo mais específico.

Enfim, queremos destacar, uma vez mais, que nosso compromisso como professores, consiste, sobretudo, em contribuir para desenvolver uma atitude reflexiva em nossos alunos, ajudar na aquisição do hábito de pensar antes de fazer.

Como conteúdos procedimentais mais gerais, poderíamos destacar três:

- *A observação*, tanto a direta quanto a indireta (há o exemplos de ambos nas páginas seguintes). Entendemos que a observação é um processo complexo que permite exercer funções muito variadas, entre as quais destacaríamos: a seleção, tanto de termos como de pontos de vista (acostumar-se a olhar a partir de diferentes ângulos um mesmo objeto ou situação, apreciando suas formas e matizes diversos) e a de análise, com todo o trabalho – sempre laborioso – de descobrir regularidades que nos permitam estabelecer relações, comparar, classificar.

Estas funções estão na base do pensamento abstrato, e é necessário que sejam trabalhadas por todas as áreas, e a plástica é uma das mais privilegiadas nesse campo.

- *A experimentação*. O fato de experimentar é inerente a toda atividade artística. Sem experimentação, a obra singular não existirá, nos encontraríamos frente a repetições mecânicas ou miméticas do que já conhecíamos. A partir da experimentação é possível transgredir os limites, inventar, enfim, novos códigos, novas formas.

A experimentação baseia-se na observação. Apenas a partir do que já conhecemos (da análise de regularidades, da comprovação de relações, etc.), estamos em condição de formular hipóteses, de imaginar: como seria se...? A partir das hipóteses, podemos provar, comprovar e ir selecionando tanto os aspectos técnicos como os temáticos, para terminar formalizando a idéia imaginada.

- *A representação* pode obedecer a modelos diferentes: pode ser descritiva, narrativa ou expressiva; a escolha do tipo de representação depende do que interessa trabalhar em cada momento ou da necessidade expressiva de cada sujeito. Devemos levar em conta que a idade influi decisivamente nas possibilidades de escolha do tipo de representação. Mas, como dizíamos antes, o produto final depende do grau de domínio da ferramenta (do procedimento) e da bagagem, tanto visual como de conteúdo de quem representa.

Finalmente, deve-se esclarecer que dificilmente os procedimentos básicos podem ser considerados privativos de uma área específica; seu verdadeiro valor está em ser patrimônio dos diferentes saberes. Por isso, qualquer ensino que queira contribuir para desenvolver atitudes reflexivas, incidindo na construção do pensamento abstrato, deve ter este aspecto presente.

Falar de educação integral, global, não significa que todos devamos trabalhar um mesmo tema (o que, às vezes, é possível e necessário), mas, principalmente, que todos nós, professores de uma área específica, devemos buscar o desenvolvimento de uma série de funções que caracterizem o pensamento.

DOMÍNIO DO GESTO

Na hora de desenhar, esculpir ou pintar, é imprescindível fazer o gesto que move a ferramenta para que a grafia se materialize sobre o suporte. A atividade gráfica é produzida pelos movimentos do braço em relação ao corpo; dependendo da direção em que se produza esse movimento, executa-se uma grafia ou outra. Assim, se o braço move-se em sentido horizontal sobre a coluna vertebral, surgirão grafias em sentido direita-esquerda-direita; se o braço move-se no mesmo sentido da coluna vertebral, surgirão grafias em sentido acima-abaixo-acima; se o braço faz um movimento de rotação sobre a coluna vertebral, surgirão gráficos em espiral. A combinação e a evolução desses três movimentos dão as possibilidades da grafia dos ângulos, cruzes, retângulos, quadrados, etc.

Levando em conta, além do mais, que a representação plástica pode ser adaptada a diferentes formatos e tamanhos, compreende-se que os movimentos devam ampliar-se ou diminuir segundo nossa vontade. Assim, temos a possibilidade de movimentos amplos que envolvem todo o corpo, tendo como ponto de apoio não apenas a coluna vertebral, mas também a pélvis e, inclusive, o calcanhar e os dedos do pé (motricidade ampla). Ou, então, os movimentos podem ser reduzidos, fazendo-os mais curtos, precisos e controlados, apoiando-os no ombro ou inclusive no pulso e nos dedos da mão (motricidade fina).

O gesto, na hora da representação plástica, pode ser espontâneo ou controlado. O primeiro é fruto da emotividade e do temperamento e, apesar de se basear na casualidade, implica uma análise prévia do que queremos representar e, portanto, deve ter sido alcançado e interiorizado o que se deseja plasmar. O segundo baseia-se na previsibilidade, surge enquanto analisamos detidamente uma forma ou um sistema de representação métrica.

A atividade gráfica comporta quatro aspectos fundamentais no domínio gestual:

- Conhecimento e domínio do próprio corpo – os aspectos posturais – e da pressão, direção e trajeto do gesto.
- Conhecimento e domínio das ferramentas e dos materiais, de suas qualidades e utilidades.
- Conhecimento e domínio da linguagem plástica e visual, especialmente de seu código.
- Conhecimento e domínio espacial a partir das vertentes topológicas, projetiva e métrica.

Importância de sua aprendizagem

A importância do controle viso-motor é evidente durante as etapas do ensino fundamental, já que os alunos estão, precisamente, tomando consciência de suas possibilidades motoras e descobrindo os recursos e as estratégias necessárias para seu domínio.

Na formação tradicional, dá-se muita ênfase à motricidade fina, principalmente na prática da escrita e no desenho técnico, esquecendo-se completamente da motricidade ampla. A prática e a experimentação por meio da linguagem plástica e visual possibilitam, na aprendizagem da criança, um tratamento igualitário das duas vertentes motoras, assim como não despreza o gesto espontâneo frente ao controlado.

Outro aspecto muito interessante é que permite pôr os meninos e as meninas em contato com o mundo cultural, com os distintos artistas ou movimentos, precisamente por seus modos de fazer. A observação direta da obra de arte oferece um tipo de informação que permite estabelecer relações de tipo expressivo e emotivo, o que não é possível por intermédio de uma reprodução.

Grau e tipo de aprendizagem a alcançar no ensino fundamental

Ao terminar o ensino fundamental, os meninos e as meninas devem ser capazes de:

- Dominar o gesto como base para a representação objetiva e subjetiva.
- Saber representar, por meio de formas plásticas e visuais, tanto o mundo que os rodeia quanto suas emoções, estados de ânimo e idéias.
- Conhecer as possibilidades que as ferramentas e materiais oferecem, assim como a pressão, direção e trajeto do gesto, em nível gráfico, técnico, expressivo e conceitual.
- Dominar o gesto como elemento expressivo do próprio estilo.
- Conhecer e apreciar o mundo cultural, em particular as artes plásticas e visuais.

Linhas gerais da seqüência de aprendizagem ao longo do ensino

Ao longo da escolaridade a criança deve aprender a dominar o gesto como meio que lhe permita representar, tanto objetiva quanto subjetivamente. Portanto, devemos propor atividades que lhe permita praticar experiências distintas. Estas podem ser:

- Atividades de tipo técnico que favoreçam o conhecimento de materiais (maleabilidade, consistência, dureza, etc.) e das ferramentas (espessuras, grafias, trajetos, etc.), da postura que se deve adotar segundo a medida do suporte e da precisão, pressão e direção que se queira dar ao gesto.
- Atividades de tipo expressivo que nos permitem utilizar as aprendizagens do item anterior, aplicando-as, usando a linguagem plástica e visual (alfabeto, sintaxe, código, mensagem, etc.), para a expressão pessoal de idéias, estados de ânimo, emoções, etc.

- Atividades de tipo cultural que nos dêem a possibilidade de observar as aprendizagens dos ítens primeiro e segundo, comparando-as com obras de artistas reconhecidos.

Uma seqüência de ensino/aprendizagem

- *Nível apropriado*
Podemos situar esta proposta em qualquer etapa do ensino fundamental. É preciso apenas levar em conta o grau de alfabetização dos alunos a quem se dirige. O conhecimento plástico e visual ainda é muito desigual em nossa sociedade. Com freqüência, encontramos meninos e meninas que têm conhecimentos científicos e literários adequados para a idade, mas que não dispõem de nenhuma informação sobre as linguagens artísticas. Assim, pois, levaremos em conta o nível dos alunos e variaremos apenas o grau de exigência quanto aos resultados e a quantidade de dificuldades proposta em cada exercício.

- *Objetivos referenciais*
    - Dominar o próprio corpo.
    - Comprovar que o gesto está submetido a aspectos posturais.
    - Utilizar o gesto para dar expressividade às representações gráficas.
    - Observar obras de artistas que tenham trabalhado a arte gestual de um modo explícito.

- *Conteúdos conceituais e atitudinais associados*
    – Conceituais
        - Conhecimento e domínio do código plástico, especialmente o traço, a marca, o sinal, a incisão, o corte e o salpicado.
        - Conhecimento e domínio dos elementos construtivos da composição: medida, relação, proporção, peso, agrupamento, direção, movimento, ritmo.
        - Conhecimento da postura adequada segundo o gesto que desejamos realizar.
        - Conscientização de que, plasticamente falando, o gesto implica uma grafia.
    – Atitudinais
        - Interesse pela investigação.
        - Curiosidade pelos resultados obtidos, tanto os próprios como os dos outros.

- *Conhecimentos prévios*
Neste caso, os conhecimentos prévios não são necessariamente importantes. É evidente que na série no qual a atividade será realizada, o esquema corporal e, em maior ou menor medida, a habilidade e o domínio de algumas técnicas já devem ter sido assimilados. Mas é precisamente a partir do trabalho sobre esse

conteúdo procedimental em nossa matéria que se favorece a aquisição da consciência das possibilidades gestuais na representação. Conhecer as possibilidades do próprio corpo: conscientizar-se da lateralidade, da importância das duas mãos (uma faz e a outra ajuda), da qualidade e da peculiaridade de cada procedimento artístico, etc. Pela experimentação, irão se fortalecendo as habilidades, permitindo encontrar recursos e estratégias pessoais.

Devemos ter presente, no entanto, que, plasticamente falando, os trabalhos mais espontâneos com freqüência são muito mais interessantes do que outros muito bem-acabados e cuidadosos por causa, em parte, que a habilidade nem sempre comporta reflexão. Freqüentemente, as correções, os duplos perfis, as insistências ou dúvidas no traço matizam, distorcem, revelam aspectos que, se fossem muito evidentes, seriam simplistas.

A prática artística implica, sempre, pensar e fazer simultaneamente. É exatamente por isso que ela é imprescindível na formação obrigatória.

- *Atividades de ensino/aprendizagem*

As atividades descritas a seguir constituem uma seqüência que pode ser levada à prática tratando as duas possibilidades motoras (motricidade ampla e motricidade fina) e também os dois tipos de gesto (controlado e espontâneo). Deverão ser introduzidas no enunciado apenas determinadas medidas de comprimento, separação, etc. e diminuir ou aumentar o tamanho do formato. Os enunciados das diversas atividades deverão ser bastante abertos para que cada aluno ou aluna possa contribuir com aspectos pessoais, ter uma margem suficiente para interpretar criativamente. Em nossa matéria, a uniformidade não deve ser a norma (que seria virtude em outra matéria), porque seria um equívoco.

Ao finalizar cada exercício, é importante fazer uma exposição conjunta, para comentar os trabalhos, sua realização, como se conseguiram os efeitos visuais representados, a postura que se manteve enquanto se realizava, as sensações que nos transmitem as diversas composições e nos darmos conta de que os efeitos visuais obtidos podem nos evocar aspectos do ambiente natural.

1. Traça-se uma linha horizontal, vertical ou inclinada que atravesse o suporte de um lado a outro (esta pode ser reta, curva, quebrada ou mista). Uma vez traçada, vão-se fazendo outras, paralelas à primeira, por ambos os lados, até cobrir toda a superfície. Essas linhas podem ter diversos graus de dificuldade: podem ser cada vez mais finas ou mais grossas, podem estar cada vez mais ou menos separadas da precedente, podem ser executadas a mão de um só traço ou com régua e esquadro, etc. Outra possibilidade pode ser mudar de técnica e de formato. Se trabalhamos com lápis, temos a possibilidade de modificar a intensidade, aumentando progressivamente a pressão sobre o suporte, que, nesse caso, pode ser de tamanho reduzido. Podemos propor o *guache*, e nesse caso o suporte poderá ser grande, permitindo um gesto amplo e espontâneo. Além do mais, podemos trabalhar a cor – escalas de saturação e luminosidade,

cores frias ou quentes, gamas, etc. Outra possibilidade pode ser a *collage*. Tomamos um papel ou cartolina colorida e o cortamos, dando-lhe uma medida de uns 20 cm². Então, realizamos a atividade descrita anteriormente, mas, neste caso, o traço será executado com tesouras ou com um estilete – dependendo da idade das crianças. À medida que vamos cortando os pedaços, os guardamos ordenadamente. Depois, os colocamos sobre outra cartolina maior e de cor diferente da primeira, podendo ordenar as formas recortadas com graduações espaciais diversas.
2. Construir uma composição a partir de, por exemplo, 20 linhas verticais, nove das quais devem ser longas, seis médias e quatro curtas. Das 20 linhas, 11 serão verticais e nove horizontais e, obrigatoriamente, ao fazer a composição, deverá haver superposições. Como no exercício anterior, podem-se fazer as variações que convenham, tanto na técnica como no conteúdo. No caso do que o resultado gráfico da atividade se baseie no gosto e investigação pessoais, buscaremos a realização de esboços para considerar diversas soluções e favorecer o rigor e a experimentação. Inclusive pode-se fazer uma exposição conjunta dos esboços do grupo antes de se fazer a representação definitiva.
3. Realizar uma composição a partir do gesto espontâneo. Em um suporte que não seja nem branco nem de uma cor muito viva, vão sendo executados traços a partir de um mesmo gesto. Este deve ser curto e rápido (podem ser pontos ou linhas curtas). O acúmulo dessas grafias pode recriar efeitos visuais diversos (grama, chuva, neve, vento, etc.), tudo depende da direção em que tenha começado a atividade, assim como do grau de pressão que se dê ao instrumento. Pode-se executar também com muitas outras medidas e técnicas. Se, por exemplo, fazemos os traços com ceras, podemos passar por cima um pincel com guache ou com aquarela, de modo que os traços fiquem um pouco mais velados. Também podem ser feitos mediante a incisão (com um buril, por exemplo) sobre suporte mole e passar por cima o pincel, ficando então mais coloridas as partes incisadas do que o resto da superfície.
4. Propor uma atividade a partir do respingo, da salpicadura e da marca. É uma atividade muito excitante e deve-se dispor de bastante espaço, já que, do contrário, uns podem atingir os outros.

Essa atividade baseia-se em grande parte na experimentação e na manipulação dos materiais, devendo-se estimular a capacidade para encontrar soluções pessoais, sensibilizando o grupo em relação a uma atitude de descoberta. Devemos dispor de muito material, tanto do que nos servirá como suporte (papéis de diferentes texturas e acabamento, cartolina, papelão, etc.), como do que nos permite a realização de grafias (nanquim, aquarelas, guache, tinta plástica, etc.). Podem ser usadas ferramentas muito diversas, inclusive casuais (esponjas, pincéis, espátulas, pentes, pedaços de papel mole, cortiça, etc.). Antes de mais nada, é preciso comprovar as possibilidades dos materiais e de sua manipulação, o grau de consistência da tinta, a quantidade de água, os suportes previamente umedecidos ou não, a inclinação do suporte, etc. Quando tivermos diferentes provas de cada um dos conceitos que devem ser trabalhados, podemos fazer uma exposição conjunta dos resultados e, finalmente, propor uma atividade final em que sejam trabalhados os conceitos compositivos de agrupamento, dispersão e ritmo.

Para finalizar a seqüência de aprendizagem proposta, é importante observar obras de diferentes artistas em que tenha grande importância o aspecto gestual, de modo que a criança compare sua experiência com a de outros artistas reconhecidos. Se for possível, deve-se ir ver a obra original em um museu ou exposição. Se não, podem ser mostradas reproduções grandes dos artistas citados ou de outros muito característicos, como Van Gogh, Pollock, Matisse, Vasareli, Mondrian, Klee, etc. Além do comentário sobre o artista, imitaremos o gesto que descreve seu traço, observaremos sua direção, adivinharemos com que ferramenta foi realizado, a expressividade que disso resulta, etc.

A REPRESENTAÇÃO SIMBÓLICA

A representação plástica e visual consiste em tornar evidente uma coisa ou um fato mediante as imagens.

As imagens se concretizam em formas, e sua combinação no espaço – bi ou tridimensional – oferece-nos a possibilidade de poder relacioná-las em distintos níveis:

- O descritivo: a imagem (ou imagens) que representa exatamente a outra.
- O narrativo: a imagem (ou imagens) que, a partir de um fato real ou imaginário, permite-nos expor as circunstâncias.
- O expressivo: a imagem (ou imagens) que nos permite transmitir as opiniões próprias.

Se falamos da representação simbólica, entramos em um terreno complexo, já que o simbolismo é uma expressão moral ou intelectual que utiliza a representação por analogia e, portanto, para sua interpretação, são necessários conhecimentos referenciais do contexto a que pertence.

Ao contrário do signo ou da alegoria, o símbolo caracteriza-se por uma representação subjetiva da realidade. A representação simbólica não dá ênfase à leitura direta do representado (denotação), fundamenta-se na pretensão de seu significado (conotação), exigindo, portanto, uma interpretação pessoal do espectador.

Em todas as representações plásticas, sejam figurativas ou abstratas, sempre encontraremos, em maior ou menor grau, referenciais simbólicos. Como qualquer mensagem é portadora de significados e valores, a apreciação dependerá dos referenciais culturais, tanto do autor como do espectador.

Importância de sua aprendizagem

Qualquer sistema de representação (as palavras, as imagens, o número, os sons, etc.) é um meio que permite tornar públicas nossas opiniões particulares.

Se nos colocamos o fato da representação mediante as imagens a partir da perspectiva de dar a conhecer, evidenciar, explicar, etc., uma idéia, uma emoção, um estado de ânimo, um fato, etc., estamos nos propondo a favorecer a conceitualização, porque o esforço que fazemos ao estruturar a representação é o que torna possível, precisamente, o conhecimento.

Cada meio de representação desenvolve nossos sentidos em aspectos determinados, permite-nos encontrar soluções concretas, recursos específicos, faz-nos estabelecer generalidades, evocar detalhes, procurar, ver e lembrar aspectos do objeto, coisa ou fato que desejamos representar. A exigência nessa busca estimulará a percepção. Nós, as pessoas, somos incapazes de imaginar o que não podemos representar; só devemos encontrar o meio de representação mais adequado.

Este é o fato educativo: dar possibilidades, oferecer propostas, facilitar informação, estabelecer normas, recursos, etc., que nos permitam percursos pessoais de investigação para poder conceituar por meio de distintos meios de representação e, assim, poder escolher e estabelecer o mais conveniente, de acordo com a situação e as necessidades expressivas.

Grau e tipo de aprendizagem a alcançar ao longo do ensino fundamental

Resumindo, vemos que a representação simbólica refere-se a aspectos subjetivos por associação. Nas artes plásticas e visuais, tal representação concretiza-se em imagens e estas, por sua vez, em formas combinadas em um espaço.

Com esse sistema redutor, simples e esquemático, podemos estabelecer que a iniciação na compreensão dos significados da arte no ensino obrigatório deve ser introduzida a partir do conhecimento das formas e de sua sintaxe.

Ao terminar o ensino fundamental, a criança deve ser capaz de:

- Saber representar, em níveis descritivo, narrativo e expressivo.
- Distinguir entre um signo, um símbolo e uma alegoria.
- Diferenciar objetivamente as mensagens comunicativas das significativas.
- Conhecer os movimentos artísticos mais representativos de sua cultura.

Linhas gerais da seqüência de aprendizagem ao longo do ensino

Ao longo do ensino fundamental, o menino ou a menina deve adquirir a capacidade de poder representar suas idéias e opiniões, tanto subjetiva como objetivamente. Isso implicará:

- Propor atividades a partir do tateio (esboços), para encontrar soluções compositivas que dêem significado à representação: simetria/assimetria, agrupamento/dispersão, vertical/horizontal, movimento/imobilismo, etc.
- Experimentar que a situação das formas no espaço e sua relação permitem a expressão: primeiro, segundo e terceiro planos, profundidade de campo, ponto de vista, alto/baixo, em cima/embaixo, etc.
- Propor atividades que permitam utilizar os conhecimentos adquiridos dos pontos anteriores na representação figurativa e abstrata.
- Propor atividades que nos permitam analisar obras de arte simbolistas e poder apreciar seus significados por meio de aspectos denotativos e conotativos que nos facilitem sua leitura.

Uma seqüência de ensino/aprendizagem

- *Nível apropriado*

Situamos essa proposta a partir da 5ª série, embora levando em conta que o grau de exigência nos resultados e na quantidades de dificuldades da proposta variarão em função da maturidade dos alunos.

- *Objetivos referenciais*
    - Operar reflexivamente com os elementos que configuram a linguagem plástica (tanto os do alfabeto como os da sintaxe, a fim de utilizá-los significativamente).
    - Distinguir o continente e o conteúdo de uma mensagem plástica.
    - Distinguir e representar objetivamente usando o código visual e plástico.
    - Ter um plano de trabalho.
    - Defender os critérios utilizados nas próprias produções.

- *Conteúdos conceituais e atitudinais associados*
    – Conceituais
        - Conhecimento e domínio do alfabeto e da sintaxe plástica e visual.
        - Conhecimento da representação plástica como meio de comunicação e expressão.
    – Atitudinais
        - Interesse e curiosidade pela experimentação.
        - Interesse e necessidade de comunicar as opiniões pessoais.
        - Sensibilidade pelas manifestações culturais.

- *Conhecimentos prévios*
    - Dominar diferentes procedimentos artísticos.
    - Conhecer e dominar a representação espacial em suas vertentes topológica, projetiva e euclidiana.

- Estar habituado à observação e representação do natural.
- Saber representar com maior ou menor grau de iconicidade.
- Distinguir os níveis de representação: descritivo, narrativo e expressivo.
- Estar habituado a fazer uma leitura objetiva das obras plásticas.
- Ter sensibilidade pela arte universal.

- *Atividades de ensino/aprendizagem*

As atividades expostas a seguir envolvem algumas complexidades na hora de serem postas em prática, já que implicam rigor nas propostas, explicações e esclarecimentos individualizados durante a execução e comentários e avaliações ao finalizar o trabalho. É preciso aceitar resultados e soluções muito diferentes, matizes, variações e interpretações pessoais com freqüência muito subjetivas.

Para trabalhar a esse nível é necessário preparar a representação final a partir de esboços e, assim, ir ajustando a representação definitiva da idéia que queremos transmitir. Ao amadurecer uma idéia plasticamente, é necessário deixar um documento gráfico de cada uma das possíveis soluções representativas – ponto de vista, primeiro plano, profundidade de campo, eixos compositivos, etc. – até encontrar a mais adequada a nossos propósitos. Pode ser que a primeira idéia que se tem seja a mais contundente e expressiva, mas freqüentemente, se realizada a representação sem uma reflexão gráfica, ficam vazios, pouco construtivos na forma e no fundo.

1. Proporemos a representação de uma emoção ou estado de ânimo (alegria, tristeza, tranqüilidade, euforia, dor, angústia, rigidez, relaxamento, etc.) a partir da cor e da combinação dos elementos construtivos da composição, organizados pela harmonia ou pelo contraste, segundo o conceito que se decidiu representar. Esta proposta baseia-se na representação abstrata, ou seja, em que a mensagem não está configurada por nenhum elemento temático (paisagem, figura humana, arquitetura, etc.), mas, sim, definida precisamente por elementos conceituais: a cor – gamas, contrastes, cores primárias, terciárias, etc. –, a medida, a relação e a proporção – grande, médio, pequeno, largo, estreito, comprido, curto, etc. –, a direção – em cima, embaixo, horizontal, vertical, inclinado, etc. –, a harmonia – equilíbrio, simetria, ordem, etc. –, o contraste – intensidade, assimetria, dispersão, etc. –, o espaço topológico, projetivo ou métrico.

    O material mais adequado para trabalhar oferece essa proposta pode ser a tinta guache, por causa de suas possibilidades cromáticas e das analogias que nos oferece a cor, assim como a riqueza do código plástico com que podemos trabalhar: mancha, salpicado, traço, marca, etc. Não se descarta, naturalmente, que possam utilizar outras técnicas e procedimentos artísticos. Nesses casos, pode ser também muito adequado sugerir técnicas mistas.

Essa atividade terá a duração de umas quatro aulas de uma hora e meia cada uma delas. A primeira será dedicada aos esboços e provas. Na segunda, traçaremos o esboço definitivo e iniciaremos o trabalho. A terceira aula será dedicada por completo à realização e ao término do trabalho. A quarta aula consistirá na exposição conjunta de toda a atividade.

É muito importante terminar a atividade com uma exposição conjunta dos resultados obtidos e fazer dela uma leitura – sem mencionar isso explicitamente. Comprovar as possibilidades expressivas, as dificuldades que surgiram ao matizar o que se queria representar, comprovar, enfim, que se pode interpretar uma obra por aproximação, quase nunca de uma forma literal, porque, na hora de interpretar uma mensagem, são tão importantes a sensibilidade, a idéia, a habilidade, a estética e a intenção do autor e as do espectador.

2. Essa atividade baseia-se na representação de uma idéia: a morte, o amor, a paz, a liberdade, a solidariedade, a vida, a justiça, etc. Nesse caso, a proposta é que a idéia deve ser transmitida a partir da figuração. O tema escolhido para ela pode ser, por exemplo, uma árvore (obviamente, deve ser um tema que tenha sido bem trabalhado antes em nível descritivo). Primeiro, devemos mencionar, entre outras, árvores que conheçamos direta ou indiretamente, diferentes situações em que possamos encontrá-las, tanto o lugar quanto a quantidade e a qualidade, seus processos de crescimento, características, etc. Podemos mencionar as árvores mais representativas de nosso país. Pode-se perguntar se conhecem árvores citadas na Bíblia, em obras literárias, em poemas, se viram o desenho de alguma árvore genealógica, se sabem de alguma árvore culturalmente conhecida, se têm conhecimentos de árvores com nome próprio, etc. Podemos perguntar se alguém plantou alguma vez uma árvore, se tem alguma em seu jardim, em sua rua, etc. A seguir, podemos analisar as diferentes sensações que nos transmite uma árvore em flor, uma árvore carregada de fruta, uma árvore muito alta e frondosa, uma árvore pequena e açoitada pelo vento, uma árvore agarrada em um despenhadeiro, com suas raízes à mostra, etc. Finalmente, proporemos uma das idéia antes citadas a partir deste elemento temático, trabalhando também a cor – vivas e contrastadas, gamas, pastéis, etc. –, comentando que o grau de iconicidade do tema pode defender do significado que se queira dar à representação. Os materiais que podemos propor para essa atividade estão condicionados pela dificuldade que implica a representação simbolista. Com freqüência, tais representações acabam muito amaneiradas por causa da quantidade de significações que se quer atribuir a elas e por querermos ser mais fiéis à imagem mental que temos disso do que à imagem que somos capazes de materializar. Portanto, a técnica pode ser diferente segundo o grau de experiência dos alunos. Se são mais experi-

entes e têm habilidades adquiridas, podemos propor que escolham eles mesmos a técnica que lhes pareça mais adequada, e inclusive o tamanho do suporte. Se não, pode-se propor que desenhem e pintem o desenho em um suporte de tamanho ofício, no máximo.

Dedicaremos a essa atividade o tempo suficiente para que possa ser feita com rigor e reflexão. É tão importante guardar o material do processo (esboços, provas, apontamentos, material anexo, como fotografias, ilustrações, etc.) como o trabalho definitivo. Este dependerá muito de nosso nível de exigência, da capacidade de investigação e da curiosidade dos alunos. Nessa atividade, como na anterior, é necessário contar com uma aula final para fazer a exposição comum e a avaliação de todo o material.

3. Para finalizar, é interessante poder observar ao vivo a obra de diferentes artistas que tenham trabalhado o simbolismo. Nesse caso, podem-se observar duas obras escultóricas muito representativas: *El Desconsol*, de Josep Llimona, e *La Montserrat cridant*, de Juli González. Ambas as obras se encontram no Museu de Arte Moderna de Barcelona, no Parque de la Ciudadela. As duas sugerem situações e emoções muito distintas, mas evidentes, inclusive para pessoas pouco experientes. Para poder observar as diferenças e a justeza de seu significado, é muito conveniente que os alunos imitem a postura em que se encontra a figura esculpida, com a maior fidelidade possível, e inclusive podemos tentar encontrar outro título para a obra.

AS TÉCNICAS

O conjunto de procedimentos de utilização dos materiais é uma arte ou ofício, e se chama técnica.

A técnica desenvolve habilidades motoras e algumas destrezas sem as quais dificilmente poderiam levar-se a cabo as idéias no mundo da arte.

A invenção e, concretização de imagens mentais realizam-se, pois, mediante a matéria; é o que chamamos expressão plástica. Para que esse processo aconteça, necessitamos do sistema sensorial, que tem uma função cognitiva no reconhecimento e na exploração dos materiais.

O sistema sensorial e seu desenvolvimento serão a base para o conhecimento da matéria e sua transformação em elementos expressivos. As técnicas básicas que devem ser trabalhadas durante a 3ª e 4ª séries do ensino fundamental são as seguintes:

- Bidimensionais: desenho, pintura, *collage*, técnicas de impressão.
- Tridimensionais: escultura e seus procedimentos básicos, modelado, massa de papel, etc.
- Estruturas estáticas com diferentes materiais.
- Estruturas móveis.

- Novas tecnologias: fotografia, vídeo, computador, reprografia.
- Técnicas mistas.

Importância de sua aprendizagem

As técnicas são o meio para desenvolver formas de alfabetização artísticas. São o veículo para transmitir o saber como forma empírica. Portanto, são um elemento de comunicação e expressão. Proporcionam a oportunidade de expressar as emoções, os sentimentos, os pensamentos... quer dizer, de projetar a própria personalidade.

A técnica é o meio que faz o nexo entre o pensamento, a mão, o instrumento e o material, até que a intimidade toma forma. Quanto mais se dominem a técnica e os procedimentos, mais possibilidades o aluno terá de se expressar, já que poderá escolher o caminho mais apropriado para fazê-lo.

É indispensável um bom treinamento manual, tátil e manipulativo, já que é a base e fonte da criação. Sem essas habilidades manipulativas, essenciais para resolver problemas de tipo técnico, dificilmente alguém poderá se expressar corretamente.

As possibilidades expressivas estão em relação direta com o conhecimento e o domínio das técnicas, dos elementos próprios da linguagem visual e plástica, da iconicidade e sensibilização para as manifestações culturais artísticas.

Por meio de experiências e dos achados pessoais, os alunos irão se liberando pouco a pouco das convenções inúteis e encontrarão a forma de projetar suas visões próprias e criadoras de um modo original.

As possibilidades se ampliarão se os alunos têm contato com a arte, especialmente com a do nosso tempo, já que esse fato lhes permitirá descobrir as possibilidades oferecidas pelas técnicas como meio criativo e expressivo. A partir das vanguardas artísticas, as técnicas são muito variadas e ocupam um lugar de destaque, reforçando os conteúdos da arte. Desde o Cubismo, onde se incorpora a *collage*, passando pela Pop-Art, a Minimal Art, os Environments, etc., até nossos dias, os artistas estiveram experimentando e incorporando novos materiais a suas obras, e continuam fazendo-o.

Grau e tipo de aprendizagem a alcançar no ensino fundamental

O aluno deverá ser capaz de:

- Reconhecer diferentes tipos de material, experimentar, classificar e relacionar as diferenças que existem entre eles.
- Saber nomear as ferramentas próprias de uma técnica ou de um procedimento, conhecer sua utilização e usá-las corretamente.
- Ter domínio da mão, conhecendo as possibilidades expressivas e as limitações que os materiais oferecem.
- Saber planejar e organizar o trabalho, selecionando os materiais adequados para expressar uma idéia.

- Reconhecer a técnica no mundo da arte e da imagem. Valorizar e respeitar essas manifestações artísticas.

Frente ao grande leque de técnicas existentes, o professor escolherá aquelas que possam estar mais ao alcance de seus alunos, de acordo com a experiência adquirida em cursos anteriores.

Linhas gerais da seqüência de aprendizagem ao longo do ensino

Os critérios para uma seqüenciação devem se basear na ordenação dos elementos da seqüência, indo do mais geral para o mais específico, e do mais simples para o mais complexo. Esses critérios ficam matizados segundo o tipo de procedimento ou técnica, a fim de que exista uma aprendizagem significativa. Serão programados em função dos objetivos gerais da área e da etapa.

Para estabelecer uma seqüência também se levará em conta:

- O desenvolvimento da percepção, por meio de todos os sentidos, especialmente visão e tato.
- O domínio motor. O domínio da técnica está estreitamente ligado ao desenvolvimento óculo-manual e à flexibilidade do pulso e das falanges (motricidade fragmentária). Por isso, deverão ser feitos exercícios que preparem os dedos para realizar uma ação coordenada, exercícios que apliquem os músculos a ajustes progressivos como o desenvolvimento de reflexos sensório-motores: estirar, enrolar, apertar, etc. Ter mãos hábeis significa ter mãos flexíveis, fortes, seguras, rápidas, precisas e coordenadas. Partir-se-á dos conhecimentos adquiridos na etapa anterior.
- O conhecimento dos materiais. É essencial conhecer as características dos diferentes materiais que se utilizam (papéis, tela, etc.), assim como as habilidades necessárias para seu controle. Desse modo, o aluno se capacita para dominar os problemas que surgem com a manipulação: dureza, resistência, etc. Serão escolhidas as técnicas mais fundamentais e simples para logo passar a outras mais complexas.
- A habilidade manipulativa das ferramentas. Para uma boa execução, é necessário dispor de boas ferramentas e saber utilizá-las com autonomia. Devem ser as adequadas para cada procedimento, já que, do contrário, os alunos desanimam ao encontrar problemas técnicos que não podem ser resolvidos, por mais habilidade manual que tenham.
- O reconhecimento e, comprovação do acabamento do trabalho. O professor deve exigir uma boa realização técnica, sempre levando em conta o nível da criança, já que ao iniciar uma seqüência nem todos os alunos partem do mesmo ponto. O nível depende da formação que tenham recebido anteriormente.

Uma seqüência de ensino/aprendizagem: a proposta de trabalho se centrará na collage

- *Nível apropriado*

As séries escolhidas são a 3ª e a 4ª, já que é uma técnica que ajuda a compreensão do espaço mediante a estruturação das formas e cores sobre o plano. É o que chamamos sintaxe visual.

- *Objetivos referenciais*
    - Conseguir um bom domínio perceptivo-motor e postural do corpo em relação à matéria que será transformada e à manipulação correta das ferramentas (tesouras, *cutter*) e instrumentos (pincéis, etc.), já que as aptidões motoras são indispensáveis para qualquer atividade desse tipo.
    - Realizar composições utilizando diversos materiais e reconhecendo as peculiaridades de cada um deles para adequá-los à idéia que será realizada.

- *Conteúdos conceituais e atitudinais associados*

Os conteúdos de procedimentos não podem ser separados dos conceituais e dos atitudinais, já que precisam um do outro para desenvolver-se.

As idéias ou pensamentos se concretizam mediante as técnicas e a linguagem plástica.

Os conceitos de forma, cor e espaço sempre acompanham a técnica. A distribuição de formas geométricas ou orgânicas sobre o plano necessita de uma ordenação harmoniosa e rítmica. Em conseqüência, depende dos conceitos de medida, proporção e relação.

As atitudes estarão relacionadas com a emotividade representada pelas formas e cores das produções artísticas expressadas na *collage*, e deverão estar presentes a curiosidade e a inquietação por experimentar usando os materiais próprios de cada técnica. Conteúdos relacionados com o fato de saber avaliar esse material (papel, cartolina, tela, etc.) e utilizá-lo corretamente também estarão presentes.

- *Conhecimentos prévios*
    - Desenvolvimento motor suficiente para a manipulação das tesouras e utensílios adequados para a técnica da *collage*.
    - Ter trabalhado as noções espaciais topológicas e projetivas.
    - Exercício da percepção reconhecendo e criando formas, rasgando, cortando, recortando e colando no papel.
    - Conhecimento dos elementos visuais e plásticos: linhas, forma, cor, textura.
    - Conhecimento da arte como meio de comunicação e das diversas formas expressivas.

- *Atividades de ensino/aprendizagem*

A técnica da *collage* baseia-se na utilização de diferentes tipos de papel liso e com textura, assim como de diferentes gramaturas e porosidades, aptos para ser colados sobre um suporte também de papel ou de outro material.

Para uma boa realização, será necessário dispor de dois utensílios essenciais: a tesoura e o pincel. Também necessitaremos de cola adequada para cada tipo de papel.

A tesoura deve ter uma lâmina arredondada e a outra em ponta. Os aros devem ser assimétricos para poder introduzir os dedos comodamente, a fim de manejá-los com facilidade. Suas dimensões oscilarão pelos 13 cm para os menores e pelos 16 cm para os maiores.

O pincel de cerdas deve ser de 2 cm de largura. A cola deve ser de celulose ou látex vinílico, materiais adequados por sua transparência e porque não mancham. Serão utilizadas segundo a gramatura e a porosidade do papel (para o papel fino e poroso convém usar a cola de celulose, e para a cartolina e o papelão, a de látex vinílico).

As primeiras propostas deverão ser muito claras, já que, até que não se domine uma técnica, é necessário disciplina, paciência e exigência. Assim, pois, uma atividade de aprendizagem técnica, às vezes, toma forma de exercício pensado para ajudar a conhecer as características do material e das habilidades que decorrem de seu controle.

1. Rasgar papel jornal (papel poroso) com as mãos obtendo formas ao acaso:
   - Observação das bordas do papel rasgado (barbas).
   - Preparação da cola de celulose. Pôr água em um pote e acrescentar cola pouco a pouco enquanto se vai misturando. Esperar que tome uma consistência cremosa.
   - Passar cola sobre manchas, com o pincel, procurando deixar toda a superfície úmida. Colar sobre papel branco ou colorido. Observar o que acontece: transparência, superfícies.
   - Manipulação adequada das ferramentas, acabamento correto.

   Deverá ser exigida, desde o princípio, uma boa execução técnica.
2. Realização de um tema. O papel será diferente ao do exercício anterior: papel da China ou de revista. Pode-se propor a realização de uma composição simétrica ou assimétrica, com figuras geométricas. Encontrar os valores em branco e preto ou em cor.
3. Composição de um tema realista (por exemplo, uma paisagem com o primeiro, o segundo e o terceiro plano). Utilizar papéis lisos e com textura.
4. Composição onde o tema seja a harmonia de cor. Podem-se incorporar elementos da natureza, como folhas de plantas, etc.

   Com a ajuda do professor, o aluno desenvolverá a capacidade intuitiva, mas também a de realização, e utilizará ambas para propor questões e construir com novos elementos, ampliando-as e consolidando-as para desenvolver seu pensamento.

RECRIAÇÕES

Entendemos por recriação o processo de revisão, explicação e construção de idéias ou imagens com formas novas e diferentes às da primeira versão.

As recriações partem da observação de uma obra e lhe dão um novo perfil, mediante novas linguagens.

Conforme as sensações recebidas pelo artista, a obra dará mais ênfase ao valor plástico ou ao temático. Assim, por exemplo, pode prevalecer a textura ou a cor ou a sintetização das formas ou do simbolismo, etc., sobre de uma temática realista. Como exemplo, pode-se citar *As meninas*, de Velázquez, que foram recriadas por diversos artistas, entre os quais se destacam Picasso, L'Equip Crònica, Manolo Valdés e Geore Condo.

Importância de sua aprendizagem

As experiências de ordem motora, tátil, visual e física são o fundamento da imaginação. Exercitá-las desenvolve a sensibilidade da criança, aumenta a capacidade de compreensão e reafirma as faculdades de reflexão, a memória, a invenção, o julgamento e a capacidade de relacionar com tudo o que isso significa desde as perspectivas atuais de desenvolvimento cognitivo e criativo.

A evolução da imaginação e da compreensão determina na criança a evolução de sua expressão plástica e, portanto, dos problemas que deve resolver. O fundamento da imaginação é a experiência vivida.

A criança tem necessidade de comunicar essa experiência, necessita expressar-se porque deseja se identificar em seu meio, o que faz mediante diferentes técnicas e materiais.

Pode-se dizer que esse tipo de atividade, na medida em que são trabalhadas a linha, a cor, a textura, etc., está estimulando uma inteligência qualitativa dirigida à criação, pois organizar esses elementos de forma com que sejam expressivos significa que foi tomada antes, uma série de decisões inteligentes. Nesse sentido, podemos dizer que aumenta a capacidade de apreciar formas visualmente e criar outras novas.

Tais aptidões acompanham a alfabetização artística, já que a sensibilidade exige uma formação artística adequada, com uma atitude reflexiva e aberta, para o que é preciso criar situações favoráveis. As recriações permitem investigar processos técnicos particulares, oportunizando realizar obras originais, possibilitando a fluência de idéias, oferecendo pluralidade de respostas, capacitando para a síntese criativa e o talento. Nunca o aluno deve se sentir limitado, mas, pelo contrário, estimulado a expressar suas idéias. Da informação recebida e assimilada pelo aluno derivar-se-á o resultado técnico e expressivo.

Grau e tipo de aprendizagem a alcançar no ensino fundamental

- Saber olhar, observar, ver, compreender, analisar, discriminar, sintetizar: cor, forma e espaço.

- Ser capaz de criar, inventar situações novas a partir de vivências, com uma atitude reflexiva e crítica, recriar e transformar imagens.
- Saber compreender: organizar as formas, as cores e o espaço, quer dizer, conhecer os elementos da linguagem plástica e visual, assim como sua sintaxe.
- Conhecer as estruturas compositivas básicas.
- Conhecer obras recriadas no mundo da arte.

Linhas gerais da seqüência de aprendizagem ao longo do ensino

Os passos que devem ser seguidos no trabalho podem ser os seguintes:

- Escolha do material básico (quadro). Identificação, isto é, tomada de decisão a partir desse material.
- Análise e decomposição dos elementos que o integram: formais, históricos, iconográficos, etc.
- Análise dos dados obtidos. A partir daqui se escolhe o processo criativo, seja o uso de uma linguagem nova, uma nova ordenação dos elementos, ou o interesse por um aspecto em especial, etc.
- Uma vez obtidos todos os dados e tomada uma decisão, escolhe-se o meio para realizar a atividade.
- Experimentação e realização de esboços. Verificação e realização da obra pessoal.
- O processo de recriação segue, pois, uma trajetória: percepção da imagem, compreensão, interpretação, criação e expressão.
- As recriações estão profundamente incorporadas ao processo real de percepção, pensamento e ação.

Uma seqüência de ensino/aprendizagem

- *Nível apropriado*

Esse tipo de composições requer um conhecimento dos elementos plásticos e de sua sintaxe, assim como um certo grau de capacidade de abstração. Acontecerá, pois, a partir da 4ª série.

Se não forem bem trabalhados os objetivos culturais e artísticos, será difícil chegar a bons níveis.

Deverão ser oferecidos meios às crianças para que possam explorar e transmitir seus pensamentos satisfatoriamente.

- *Objetivos referenciais*
    - Perceber os objetivos segundo sua estrutura e forma, a partir da exploração sensorial.
    - Descrever imagens: análise dos elementos conceituais e visuais: o plano, o volume, o espaço, a linha, a forma, a cor, etc.

- Captar a imagem: os elementos formais e iconográficos.
- Representar formas geométricas e orgânicas.
- Saber relacionar diferentes formas planas ou com volume, levando em conta sua medida e proporção.
- Elaborar composições relacionando entre si: forma, espaço, cor, etc.
- Criar formas realistas e abstratas, transformando as imagens subjetivas em imagens objetivas e vice-versa.
- Utilizar as ferramentas e os materiais corretamente.
- Ter iniciado processos de investigação pessoal.
- Utilizar técnicas de desenho, pintura e *collage*.

- *Conteúdos conceituais e atitudinais associados*
    – Conceituais
        - Conceitos básicos de plástica (o plano, o volume, o espaço), assim como os elementos visuais (linha, forma, cor, etc.). As possibilidades combinatórias desses e sua expressividade.
        - Conceitos espaciais topológicos, projetivos e métricos, em duas ou três dimensões.
        - Representação de objetos, de plantas e da figura humana.
    – Atitudinais
        - Interesse por experimentar e mostrar criatividade e originalidade nas produções.
        - Apreciação do ambiente artístico e sensibilização para com as mensagens visuais e seus procedimentos.

- *Conhecimentos prévios*
    - Saber olhar, observar, perceber.
    - Utilização da memória visual.
    - Domínio dos conceitos espaciais topológicos, projetivos, noções de medida na representação das formas em suas produções.
    - Utilização da linguagem plástica para expressar suas vivências.
    - Conhecimento da organização de formas bi e tridimensionais em um espaço determinado.
    - Realização de produções pessoais e criativas.

- *Atividades de ensino/aprendizagem*

O fator mais importante de nossa era é o desenvolvimento do potencial imaginativo da criança e o enfoque expressivo.

A aproximação à obra artística (observá-la, percebê-la e analisá-la) permitir-lhe-á descobrir as possibilidades das ferramentas, dos materiais, das linguagens artísticas. Estimulará a busca de novos meios de criação.

Exercícios sobre uma obra conhecida (*As meninas*, de Velázquez, ou qualquer outra).

1. Estabelecer modificações que impliquem mudanças no tempo histórico (por exemplo, a roupa, os personagens, os móveis, o estilo, etc.).
2. Substituir os elementos que formam o tema principal da obra mantendo o seu restante intacto, seja buscando contrastes ou máxima integração com a intenção final.
3. Mudança total da linguagem.

Com a ajuda do professor, o aluno desenvolverá a capacidade intuitiva, mas também a de realização, e as utilizará para propor questões e construir usando novos elementos, ampliando-as e consolidando-as para desenvolver sua cognição.

OBSERVAÇÃO

Define-se observar como "olhar atentamente". Muitas aprendizagens baseiam-se na observação. As informações que recebemos pela percepção ficam retidas em nossa mente, e podemos utilizá-las diretamente (olhar/fazer) ou indiretamente (memória/retentiva). A aprendizagem baseada na observação nos permite usar as faculdades perceptivas de uma forma global, não fragmentária nem descontínua.

A aprendizagem baseada na observação nos conduz a uma reflexão sobre a *percepção*. Esta é considera como organização cognitiva das sensações que implica conscientizar-se de um objeto exterior cujos dados recebemos mediante nossa experiência.

Os psicólogos da Gestalt estudaram especialmente a estruturação do campo perceptivo (psicologia da forma), considerando a noção de forma ou estrutura como um todo representativo de relações entre os estímulos e as respostas. O valor de cada elemento está determinado por sua participação no conjunto e integrado nele. Só existe em função do papel que representa. Isso nos mostra que seria inútil analisar separadamente os detalhes daquilo que tem uma unidade natural (melodia, paisagem, figura). Nenhuma função pode ser exercida sem que sejam afetadas as funções vizinhas. A estrutura é global.

As sensações jamais se dão isoladamente. Existe uma interação entre elas. A sensação, com o suporte da imaginação, permite chegar à observação reflexiva, analisar o que se observa e, mediante a experiência pessoal, transformar o mundo real, o mundo da expressão, por meio das imagens.

Além da percepção, estão as lembranças (memória) e a imaginação, que permitem expressar formas e imagens no campo da arte ou da técnica.

Importância de sua aprendizagem

A importância do estudo do conteúdo procedimental "observação" fundamenta-se em que muitas aprendizagens da área visual, e plásticas estão baseadas na percepção/observação.

No campo da representação plástica, a percepção dá à criança o primeiro conhecimento do ambiente. Essa informação possibilita a representação, que vai evoluindo à medida que a criança muda.

A prática possibilita a experimentação e a operatividade, potencializando e estimulando a curiosidade por novos achados que lhe permitam estabelecer novas correlações e combinações que dêem lugar a composições criativas. Esse poder combinatório permite novas interpretações que nos conduzem à expressão e à comunicação.

A construção de algo novo só é possível a partir de informações e conhecimentos prévios e, nesse sentido, tanto a percepção como a observação são de grande importância.

Grau e tipo de aprendizagem ao longo do ensino fundamental

Os tipos de aprendizagem que os alunos devem alcançar ao terminar o ensino fundamental em relação à observação são:

- Observar com atenção o espaço imediato, a fim de descobrir elementos ou conjuntos de elementos de interesse artístico especial.
- Abstrair de um conjunto (imaginário, representado ou real) aqueles componentes básicos que dão conteúdo, personalidade e estilo a um texto plástico.
- Detectar os elementos visuais dominantes que particularizam um objeto: forma, textura, cor e tamanho.
- Realizar de um modo sintético (apontamentos) algo observado.
- Selecionar as partes de um conjunto em função de uma intencionalidade determinada.
- Detectar visualmente as variações cromática que se produzem dentro de um conjunto, diferenciando as causas que as provocam, e interpretá-lo pessoalmente.
- Selecionar as partes de um conjunto em função de uma intencionalidade determinada, especialmente aquelas referentes às artes plásticas.

Linhas gerais na seqüência de aprendizagem ao longo do ensino

No item de educação sensorial e estruturação da imagem, dever-se-ia observar a seguinte trajetória ao longo do ensino fundamental:

- Exploração do ambiente.
- Observação direta das formas.
- Exploração sensorial de materiais e objetos.
- Observação direta a partir da vista e do tato. A forma, a cor, a textura, a linha, a superfície, o volume.
- Observação da luz e da sombra.

- Identificação do contraste entre luz e sombra nas formas do espaço.
- Experimentação com a luz como elemento definidor do volume.
- Observação direta de conjuntos de elementos.
- Observação indireta de imagens do ambiente.
- Estrutura geométrica interna.
- Observação indireta de conjuntos de interesse artístico especial.

Seqüência de ensino/aprendizagem

Na síntese dos grandes blocos de conteúdos relacionados com os conteúdos procedimentais, observa-se:

- A percepção visual.
- A observação direta e indireta de formas e imagens.

A descrição de uma seqüência de ensino/aprendizagem referir-se-á à unidade didática: Estruturação da imagem. Percepção visual. A forma. Nossa descrição refere-se à percepção visual, mais especifícamente ao fato de plasmar sinteticamente, mediante apontamentos, algo que foi observado.

- *Nível apropriado*

Esta unidade poderia ser desenvolvida a partir da 5ª série.

- *Objetivos referenciais*

Para estruturar, mediante os apontamentos, deveriam ser observadas os seguintes objetivos didáticos:
- Detectar a estrutura interna de uma composição.
- Reconhecer a configuração geométrica (esquema das formas).
- Representar diferentes graus de iconicidade de uma imagem (saber transformá-la).

- *Conteúdos conceituais e atitudinais associados*
  – Conceituais
    - Percepção visual da forma.
    - Localização da forma levando em conta as noções espaciais projetivas (adiante, atrás, esquerda, direita, acima, embaixo) e métricas.
    - Concreção da forma.
    - Relações internas e externas geradas pelos objetos.
    - Estruturação da linguagem.
    - Comunicação visual.
    - Elementos de relação. A composição. A cultura da imagem. Setores comunicativos.
  – Atitudinais
    - Segurança nas próprias atividades gráficas.
    - Interesse por experimentar.

- Interesse por saber.
- Apreciação das manifestações artísticas.

- *Conhecimentos prévios*
Ao propor o tema da observação, está implícito examinar:
    - Hábitos de sistematização.
    - Conhecimentos da comparação e busca de diferenças.
    - Hábitos de observar obras de arte.

- *Atividades de ensino/aprendizagem*
Sugerimos os passos a seguir para alcançar os objetivos aos quais nos propusemos:
    - Selecionar: escolher um objeto adequado (simples, sem detalhes).
    - Analisar: observar detidamente o objeto percebido. O segundo passo será analisar. Pela observação minuciosa do objeto em questão percebe-se a forma, a medida, a textura e a cor, assim como a localização no espaço, que auxilia na posterior representação.
    - Estabelecer relações: comprovar as medidas e as proporções. Ver se há simetria ou não. Evidentemente que na análise estabelecemos relações de proporção, medida, simetria que, tal como dissemos, ajuda a situar o objeto no espaço, considerando os eixos que os configuram.
    - Comparar: situá-lo no espaço levando em conta os eixos que o configuram.
    - Representar: sintetizar formas (geometrizar). Finalmente, poderíamos sintetizar as formas observadas e realizar a representação de uma composição.

Há possibilidades de serem propostas atividades diferentes, que poderiam se referir à observação direta:

- Desenhar o objeto tal como se vê a partir de outro ponto de vista.
- Repetir o modelo proposto mudando-o de posição.
- Fazer diferentes estudos de síntese da forma observada. Cada uma delas teria uma seqüência para chegar a um resultado que fizesse com que os alunos refletissem.

MEMÓRIA VISUAL

A memória é uma faculdade psíquica, por meio da qual retemos e recordamos as imagens das coisas vistas (memória visual), ouvidas e as idéias adquiridas.

Às vezes, distingue-se entre lembrança e memória considerando a primeira como ato de lembrar e a segunda como capacidade, faculdade ou função psíquica.

Segundo Bergson, a memória pode ser de repetição ou representativa. Essa última nos conduz às imagens mentais. Segundo Piaget, existe uma diferença entre percepção e imagem. Enquanto a percepção seria o "conhecimento dos objetos que resulta do contato direto com eles", a imagem (representação ou imaginação) é "a evocação desses objetos em sua ausência". A imagem mental seria, pois, a interiorização da atividade perceptiva que deriva do conhecimento sensório-motor.

Piaget entende a imagem como um instrumento de conhecimento que atua nos processos operativos, de modo que ambos se modificam e se complementam no transcurso do desenvolvimento cognitivo, tornando possível, assim, o conhecimento e a ação ajustada sobre a realidade.

A imagem corresponde ao que poderíamos chamar "o aspecto figurativo do conhecimento". Interviriam no processo, até chegar à imagem mental: a percepção, a observação, a relação, o julgamento, a análise e a síntese.

Importância de sua aprendizagem

A memória é um fator de conhecimento muito importante no processo de ensino/aprendizagem, já que permite utilizar as experiências anteriores, ampliando conhecimentos e favorecendo a informação retida.

Por meio de diversos processos (observação, análise, elaboração, etc.) que desenvolvemos em diferentes atividades de aprendizagem, são-nos oferecidas múltiplas informações que ampliam nossos conhecimentos e ficam retidas na mente, que as acumula graças à memória.

A capacidade de reter e de recordar não tem um esquema prefixado, senão que se pode modificar por intermédio processo educativo.

Grau e tipo de aprendizagem a se alcançar ao longo do ensino fundamental

O tipo de aprendizagem, em relação à memória visual, que os alunos devem alcançar ao terminar o ensino fundamental, é:

- Lembrar-se das generalidades da forma observada e poder estabelecer relações, tanto em nível experimental quanto cultural.
- Utilizar artisticamente a memória e a retentiva.
- Detectar as relações (modificações visuais) entre a forma real e suas imagens ou formas representadas.
- Aplicar a memória visual na representação das formas observadas.
- Representar os diferentes graus de iconicidade de uma imagem.
- Analisar uma imagem relacionando-a com a função que cumpre (tipo de mensagem).
- Utilizar a memória visual e a retentiva para se expressar com imaginação.
- Mostrar predisposição para realizar plasticamente qualquer idéia interessante.
- Reconhecer estilos de correntes artísticas.

Linhas gerais da seqüência de aprendizagem ao longo do ensino

No item de educação sensorial e estruturação da imagem, deveria ser observada a seguinte trajetória ao longo do ensino primário, no que se refere à memória visual:

- Memorização visual e retentiva do ambiente.
- Uso da memória visual e da retentiva na observação de formas.
- Aplicação da memória visual na representação de formas observadas.
- Memorização dos fatos e correntes artísticos universais.

Uma seqüência de ensino/aprendizagem

A descrição de uma seqüência de ensino/aprendizagem referir-se-á à unidade didática "Educação sensorial e estruturação da imagem: forma e ambiente".

- *Nível apropriado*

Esta unidade poderia ser desenvolvida a partir da 5ª série. Na síntese dos grandes blocos dos conteúdos relacionados com os procedimentos, observa-se:
- A memória visual e a retentiva.
- A distinção e a relação entre forma e imagem.

- *Objetivos referenciais*

Na estruturação da imagem, deveriam ser observadas os seguintes objetivos didáticos:
- Olhar atentamente o objeto visual e reter as formas observadas.
- Analisar nos objetos os elementos plásticos, passando do nível global ao específico para lembrar os detalhes que o configuram.
- Representar, fielmente e de memória, um elemento ou conjunto de elementos a partir de uma observação limitada no tempo (retentiva).
- Transformar uma determinada realidade fazendo uso da imaginação.
- Dominar a linguagem plástica.
- Descobrir manifestações culturais, tanto populares como os fatos artísticos.

- *Conteúdos conceituais e atitudinais associados*
  – Conceituais
    - Memória visual e retentiva.
    - Representação das formas observadas.
    - O ambiente e a arte.
    - O mundo cultural e artístico próximo.
  – Atitudinais
    - Predisposição para observar o ambiente.
    - Interesse pela cultura.
    - Interesse por experimentar nas artes plásticas.

- *Conhecimentos prévios*

O procedimento "memória visual" é muito utilizado na escola, desde as primeiras séries. Lembremos de que a criança desenha "o que sabe das coisas", e o faz de memória. Essa faculdade é indispensável na hora de realizar a obra plástica. Por meio de propostas específicas, estimula-se e potencializa-se a memória visual. Portanto, exercícios que dêem suporte à memória são absolutamente necessários. Além disso, deve-se ter domínio das ferramentas e utensílios para trabalhar, deve-se conhecer a linguagem plástica para realizar adequadamente o que se pensa ou se imagina, deve-se dominar o espaço de representação, e é um bom exercício de memória estudar diferentes obras de arte.

- *Atividades de ensino/aprendizagem*

Sugerimos alguns passos para alcançar os objetivos propostos:
- Selecionar: escolher uma forma do ambiente (árvore) a fim de realizar uma observação.
- Analisar: analisar as partes que compõem o todo.
- Estabelecer relações: comprovar as medidas, proporções, relações. Ver se há simetria ou não.
- Comparar: situá-la no espaço levando em conta os eixos que a configuram.
- Memorizar: reter todos os aspectos de configuração do objeto (árvore e seu ambiente).

Poderiam ser propostas outros exercícios, tais como:
- Depois de desenhar o ambiente mimeticamente, desenhar um ambiente imaginário.
- Fazer um estudo, de memória, em que a árvore fique transformada por meio de uma síntese.

5

Educação Física

Jaume Bantulà, Marta Carranza

OS CONTEÚDOS PROCEDIMENTAIS NA ÁREA DE EDUCAÇÃO FÍSICA

No seqüenciamento da área de Educação Física no ensino fundamental, os diferentes conteúdos devem receber um tratamento periódico e integrado ao longo da etapa, levando em conta o nível que os alunos têm, tanto no que se refere a aprendizagens prévias quanto ao desenvolvimento motor e afetivo, assim como às características dos próprios conteúdos, devendo ser graduados progressivamente, qualitativa e quantitativamente.

É claro que a graduação de conteúdos deve ir da totalidade à especificidade.

Essa área orienta-se para o desenvolvimento das capacidades e habilidades instrumentais, a fim de aperfeiçoar e aumentar as possibilidades de movimento dos alunos, o conhecimento da conduta motora integrada na vivência pessoal e aquisição de atitudes, valores e normas referentes ao corpo e à conduta motora.

A Educação Física constitui uma área curricular baseada, fundamentalmente, em seus conteúdos procedimentais. No entanto, a educação pelo corpo e pelo movimento não pode-se reduzir aos aspectos perceptivos e motores, mas também deve implicar os aspectos expressivos, comunicativos, afetivos e cognitivos.

O seqüenciamento é proposto a partir dos conteúdos procedimentais, e os outros dois tipos – os que se referem a idéias, conceitos e a atitudes, valores e normas – unem-se aos primeiros e vão aparecendo como conseqüência do trabalho dos procedimentos. Mas, por esse motivo, nunca perdem importância nem peso no conjunto de objetivos e conteúdos propostos ao longo do ensino fundamental.

Essa estrutura, obviamente, encontra-se condicionada pela carga horária da área no ensino fundamental. Quer dizer, com mais horas por semana certamente seria possível propor unidades didáticas centradas nas atitudes ou em outro tipo de conteúdos. Somos plenamente conscientes de que qualquer processo de ensino/aprendizagem dirigido para os conteúdos procedimentais leva implícita a aquisição de conceitos e idéias, e o educador, em sua ação, transmite determinados valores e atitudes que, reforçados e revisados, deverão estar de acordo com o projeto curricular da escola.

TIPOS DE CONTEÚDOS PROCEDIMENTAIS DA ÁREA: GERAIS E ESPECÍFICOS

Na área de Educação Física, os conteúdos procedimentais, fundamentais e específicos, falando a partir de um primeiro nível de realização, seriam:

- Afirmação da lateralidade.
- Percepção e estruturação espacial.
- Percepção e estruturação temporal.
- Percepção e estruturação do espaço em relação ao tempo.
- Atitude postural.
- Controle tônico.
- Controle do corpo em relação ao relaxamento e à respiração.
- Uso das habilidades básicas – deslocamentos, giros, saltos, manipulação de objetos.
- Equilíbrio estático e dinâmico.
- Condicionamento físico geral – aspectos quantitativos do movimento tratados globalmente.
- Utilização do gesto e do movimento para a expressão e a comunicação.
- Adequação do movimento a ritmos externos.
- Integração da qualidade de movimento à própria execução motora.
- Hábitos de trabalho presentes na atividade corporal (aquecimento, relaxamento, atenção na execução, etc.).
- Utilização de regras em jogos coletivos.
- Utilização de estratégias de jogo.
- Habilidades básicas de iniciação esportiva em jogos.

Todos esses procedimentos são os mais adequados da área de Educação Física e, além disso, representam os mais gerais. Esses podem agrupar-se em blocos, tal como orienta o Plano Curricular Base*, a fim de ordená-los e estruturá-los.

---

* N. de R.T. Diretrizes ou parâmetros curriculares do sistema educacional espanhol.

Podemos estabelecer um bloco que agruparia todos os conteúdos que se referem à percepção e à imagem do corpo; outro centrado nas habilidades e destrezas e no condicionamento físico geral; outro bloco que agruparia todos os conteúdos de expressão e comunicação e, por fim, um bloco que agruparia os jogos.

Assim, veremos como os procedimentos desenvolvidos pertencem, em geral, aos diferentes blocos de conteúdos do ensino fundamental.

A flexibilidade, com o tratamento que recebe – a partir da 5ª série –, pertenceria ao bloco que trabalha o condicionamento físico geral; se fosse trabalhado nas séries anteriores, também poderia se incluir no bloco de percepção corporal.

A orientação no espaço é um procedimento que decorre do trabalho de percepção e estruturação espacial, dentro do bloco percepção e imagem do corpo.

Os lançamentos e subidas se situariam no bloco que se refere às habilidades e destrezas básicas. As subidas como uma forma de deslocamento dentro da coordenação dinâmica geral, e os lançamentos como um procedimento para melhorar a coordenação dinâmica específica em sua vertente visuomotora.

Como foram trabalhados, os giros se incluiriam no bloco de habilidades e destrezas, com a introdução de uma técnica bastante complexa.

O procedimento de expressão de emoções e sentimentos formaria parte do bloco de conteúdos referentes à expressão e à comunicação.

Ao longo das páginas seguintes, será observado um tratamento bastante diferenciado na hora de desenvolver cada procedimento. A intenção foi oferecer formas diversas de trabalhar, mas, ao mesmo tempo, as características próprias e determinantes de cada procedimento que condicionaram a escolha de uma ou outra estratégia de ensino/aprendizagem.

As atividades dirigidas para a avaliação do processo não foram realizadas por motivos de espaço. Isso não significa que se evite esse tipo de atividade, mas que se considera que devem estar implícitas no trabalho cotidiano dos professores.

Concluindo: a finalidade da Educação Física está em favorecer que os alunos cheguem a compreender seu próprio corpo e suas possibilidades, conhecendo e dominando um número variado de atividades corporais para que no futuro possam escolher as mais convenientes para seu desenvolvimento pessoal. Realmente, a aquisição de conhecimentos, destrezas, atitudes e hábitos deve contribuir para melhorar as condições de vida e de saúde, assim como para entender o movimento como um meio de enriquecimento pessoal e de relação social.

FLEXIBILIDADE

Pode-se dizer que a flexibilidade é a capacidade das articulações corporais para dispor do maior alcance articular possível. É determinada pela configuração da articulação a elasticidade dos músculos, a mobilidade normal do indivíduo e os componentes psicológicos.

Importância de sua aprendizagem

A manutenção do relaxamento articular e a potencialização de todo o alcance muscular é imprescindível para a eficácia motora e para a correta contração muscular. A obtenção de elasticidade dos músculos, a partir do trabalho de alongamentos, favorecerá a flexibilidade e a contração e relaxamento simultâneos dos músculos agonistas e antagonistas, respectivamente.

Grau e tipo de aprendizagem a alcançar no ensino fundamental

- *1ª e 2ª séries*
  - Exploração das possibilidades do corpo.
  - Vivência de todos os movimentos.
- *3ª e 4ª séries*
  - Conscientização da implicação dos graus de mobilidade na execução de tarefas motoras.
  - Manutenção do relaxamento com trabalho específico.
- *A partir da 5ª série*
  - Trabalho sistemático com manutenção de posturas de máximo grau de amplitude.
  - Hábitos cotidianos. Necessidade de um trabalho diário. Técnicas para a flexibilidade. Os alongamentos, trabalho muscular e articular.

Linhas gerais da seqüência de aprendizagem ao longo do ensino

A flexibilidade é a única capacidade de condicionamento que não é considerada de desenvolvimento, mas de regressão, quer dizer que durante a infância encontra-se em seu ponto culminante. A falta de treinamento e exercício influi em sua perda ao longo dos anos.

Durante a educação infantil, o aparelho locomotor tem uma grande elasticidade, o que o faz inadequado para se propor atividades específicas. Até os 10 anos, a diminuição da flexibilidade não é muito considerável, embora diminua a elasticidade dos ligamentos. A partir dessa idade, aproximadamente, inicia-se uma linha descendente produzida basicamente pelo rápido desenvolvimento muscular. Um trabalho dirigido adequadamente no ensino fundamental e durante a adolescência pode chegar a anular a redução dessa capacidade.

Nos primeiros anos do ensino fundamental, será buscada a manutenção do grau natural de mobilidade, a partir da exploração das possibilidades do próprio corpo e da vivência de todos os movimentos articulares. Não se deve cair em um trabalho baseado em metodologias específicas.

Na 2ª e 3ª séries, dar-se-á continuidade à manutenção do grau natural, mas iniciando uma tarefa mais específica. Dever-se-á ter consciência da implicação dos graus de mobilidade na execução de tarefas motoras e na adoção de posturas. Será iniciado um trabalho de alongamentos dinâmicos, mas realizados com muita suavidade.

A partir da 5ª série os mesmos alunos deverão se conscientizar da necessidade de manter alguns hábitos cotidianos. Serão introduzidas técnicas de trabalho centradas nos alongamentos que permitem a máxima mobilidade das articulações e músculos: movimentos de flexão, de extensão, de hipertensão, de abdução, de adução, de circundução, etc.

Uma seqüência de ensino/aprendizagem

A proposta está dirigida para a conscientização sobre o nível de flexibilidade do corpo.

- *Nível apropriado*
  A partir da 5ª série.

- *Objetivos referenciais*
    - Descobrir a amplitude máxima do jogo articular.
    - Trabalhar sobre o músculo e sobre os ligamentos elásticos (que ainda se encontram na etapa de crescimento) para conseguir melhorar a flexibilidade.
    - Tornar os alunos plenamente conscientes do que se pretende com o trabalho de flexibilidade.
    - Tornar os alunos conscientes de que os alongamentos adequados – em contração estática excêntrica – constituem a melhor forma de trabalhar a flexibilidade. Proporcionar-lhes ferramentas para trabalhar individualmente.

- *Conteúdos conceituais e atitudinais associados*
    – Conceituais
        - Articulações do corpo e partes que compõem uma articulação.
        - Elasticidade muscular.
        - Implicação da flexibilidade em qualquer movimento.
    – Atitudinais
        - Sensações agradáveis que o alongamento produz. A flexibilidade como algo cotidiano.
        - Avaliação da implicação da respiração e do relaxamento na melhora da flexibilidade.
        - Manutenção de uma atitude postural saudável e estabilizante potenciando a flexibilidade da coluna.
        - Reconhecimento e aceitação das próprias limitações e das dos companheiros.

- *Conhecimentos prévios*
    - Conhecimento de todas as possibilidades articulares do corpo.
    - Implicação dos graus de mobilidade em tarefas específicas.
    - Ter explorado as possibilidades articulares do corpo.

- *Atividades de ensino/aprendizagem*

As propostas voltadas para o desenvolvimento da flexibilidade, nessa etapa, ficarão estruturadas em dois momentos diferenciados. Em primeiro lugar, buscar-se-á que sejam os próprios alunos a tomar consciência dos seus níveis de flexibilidade, como condição para a introdução de um trabalho baseado nos alongamentos estáticos – ativos e passivos –, já que se pretende a inibição do reflexo miotático, o que facilitará a melhora dessa capacidade.

- *Propostas para conscientização do nível de flexibilidade*

Dever-se-á propor, cuidadosa e suavemente, uma série de exercícios, levando sempre em conta o possível risco de lesões musculares, a intervenção da respiração para melhorar a execução, as limitações morfológicas de cada indivíduo e, sobretudo, que, nas tarefas, não se sobrecarregue o alongamento além dos limites que provocam dano.

Para que a aprendizagem seja significativa, dever-se-á garantir que os alunos tenham consciência da implicação dos graus de mobilidade na execução de tarefas motoras.

Alguns exemplos nessa linha seriam:
1. Para trabalhar a flexibilidade das pernas
   – *Em duplas*
      - Sentados no solo, frente a frente, pés juntos tocando os do companheiro.
      - Estender as pernas sem soltar as mãos (Figura 5.1).

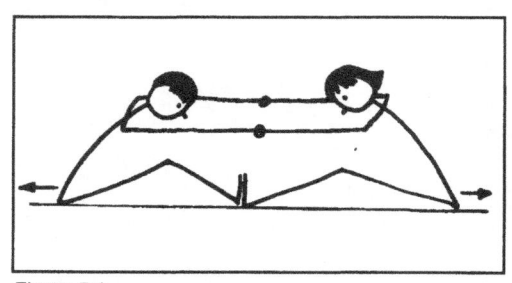

Figura 5.1

   - Fazer o mesmo com as pernas abertas.
   – *Individual*
      - Formar um ângulo reto entre o corpo e as pernas, manter a postura durante uns 10 segundos, várias vezes (Figura 5.2).
      - Sentado, com as plantas dos pés se tocando, baixar os joelhos até o solo.
      - Sentado no solo, mas com as pernas flexionadas pelos lados, forçando a articulação do joelho e dos quadris.
      - Sentado, tocar o nariz com o pé.
      - Passar um pé por trás da cabeça.

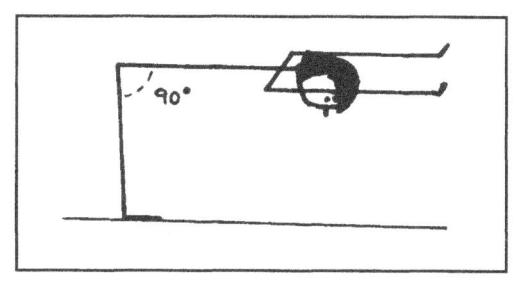

Figura 5.2

- Com uma perna na frente flexionada, a outra esticada, vai cedendo para trás – até onde chega?; abrimos completamente as pernas?; alguém consegue?; todos poderíamos conseguir?
2. Para trabalhar a flexibilidade do tronco e dos ombros
    - Tentar passar por baixo de um companheiro deitado de costas no solo, sem que este levante os ombros do solo (Figura 5.3).

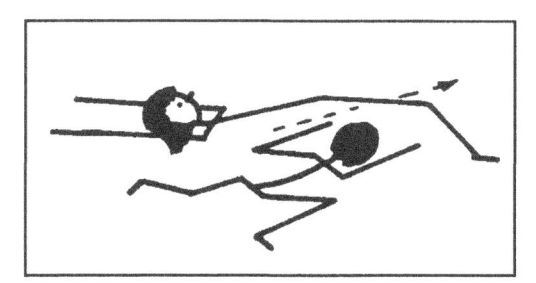

Figura 5.3

- Agarrado, de costas, em uma barra, fazer ponte.
- Pegando um bastão com os braços estendidos, tentar passá-lo pela frente e por trás sem dobrar os braços.
- Tocar as mãos por trás das costas (Figura 5.4).

Figura 5.4

Atividades centradas em alongamentos de costas, quadris, virilhas e curvas

Para realizar estas atividades, o professor precisará ter presente o seguinte:

- Os alunos deverão estar conscientes do que estão realizando.
- Os exercícios de alongamento não serão totalmente passivos.
- As mobilizações semiativas próxima do limite de máxima abertura são positivas.
- Sempre deve se começar a alongar muito suavemente.
- Nunca se deve passar bruscamente de uma postura de alongamento para outra.
- É conveniente que as sessões não superem os 15 ou 20 minutos de trabalho específico.

Os elementos determinados para trabalhar os alongamentos são a respiração e o reflexo de alongamento.

A respiração deverá ser lenta, rítmica e controlada. A expiração coincidirá com o momento de maior movimento.

Quando o alongamento é demasiado brusco, o músculo encontra-se protegido por um reflexo nervoso que provoca a contração para evitar a lesão, quer dizer, um trabalho inadequado não conduzirá a nada.

Os alunos devem estar conscientes de que, trabalhando os alongamentos, se pretende:

- Reduzir a tensão muscular e sentir o corpo mais relaxado.
- Auxiliar na coordenação, permitindo um movimento mais livre e fácil.
- Aumentar a extensão de movimentos.
- Prevenir lesões musculares.
- Desenvolver a consciência corporal, o conhecimento de si mesmo.
- Facilitar a circulação.

Algumas atividades possíveis:

- De pé, com as pernas abertas na largura das costas. Os joelhos ligeiramente flexionados. O pescoço e os braços muito relaxados nos ajudam a baixar. Notar o alongamento na parte posterior dos joelhos. Manter a postura entre 15 e 20 segundos, pensando na zona que se alonga.
- Com os calcanhares no solo e os dedos dos pés apontando para a frente, dobrar as pernas pelos joelhos sentindo como se estiram os quadríceps. Manter a postura durante uns 30 segundo (Figura 5.5).
- Sentado, com as pernas esticadas e os pés apontado para o teto, dobrar o tronco desde os quadris e tentar pegar os pés. Manter a postura

Figura 5.5

durante uns 20 segundos. Alongamento na parte posterior das coxas e dos joelhos. Flexão com todo o tronco.
- Sentados, com as plantas dos pés juntas, deitar o tronco para a frente com suavidade. As mãos pegam os pés e a flexão se faz desde os quadris. Manter durante uns 40 segundos. Não fazer movimentos de vaivém. Com as mãos, pode-se ajudar a aproximar os joelhos do solo.

ORIENTAÇÃO NO ESPAÇO

Trata-se da capacidade que permite estar sempre consciente da localização do próprio corpo em relação a outros objetos em um espaço, ou, ao contrário, quer dizer, para localizar os objetos em função de sua própria posição, real ou suposta.

Importância de sua aprendizagem

O espaço que o próprio corpo ocupa e o que o rodeia são o cenário de nossa ação motora. Percebê-los corretamente e em todas as suas dimensões, estruturá-los em relação a nós mesmos e em relação aos objetos, e sabermos nos deslocar com uma orientação precisa, são os objetivos mais importantes.

Grau e tipo de aprendizagem a alcançar no ensino primário

- 1^a e 2ª séries
    - Vivência do espaço próximo.
    - Experimentação de diferentes trajetórias, direções e sentidos.
    - Reconhecimento e interiorização das relações topológicas básicas.
    - Estruturação do espaço de ação.
- 3^a e 4ª séries

- Tomada de consciência e análise do espaço.
- Apresentação e reprodução de trajetórias. Representação gráfica.
- Abstração e representação de espaços não-conhecidos.
- Apreciação e representação de medidas e volumes.
– *A partir da 5ª série*
- Generalizações e relações sobre conceitos espaciais.
- Representação das relações euclidianas.
- Orientação sobre planos.

Linhas gerais da seqüência de aprendizagem ao longo do ensino

A pessoa vive dentro de um espaço onde os sujeitos e os objetos formam um conjunto de relações que se estruturam com uma grande complexidade.

O fato de *perceber* tais relações, *reconhecê-las* e chegar a *representá-las* mentalmente será uma tarefa que se fará desde o momento de nascer.

O processo de estruturação parte das informações *proprioceptivas* e *exteroceptivas* (visuais) para *codificar* e *organizar* as relações entre os elementos que se encontrem no espaço.

A percepção imediata e a memória convergiriam na elaboração espacial.

Na evolução da orientação espacial, podem ser diferenciados dois estágios. No primeiro, que dura aproximadamente até os 5/7 anos, tem-se acesso ao espaço perceptivo. Essa etapa caracteriza-se por um reconhecimento do espaço a partir da vivência motora e da percepção imediata (fala-se de uma perspectiva egocêntrica).

No segundo estágio, tem-se acesso ao espaço representativo. A partir da análise das percepções e dos pontos de referência externos, chega-se a representar o espaço. A orientação poderá se efetuar em relação aos objetos, proporções, volumes, medidas, etc.

Na 1ª e 2ª séries, a estruturação espacial baseia-se no progressivo fortalecimento do domínio lateral, nas relações topológicas básicas – entre objetos, entre pessoas e a gente mesmo –, na orientação no espaço, na apreciação de distâncias e no senso dos próprios deslocamentos.

Na 3ª e 4ª séries, ganha muito importância a projeção da lateralidade no espaço e a orientação em relação aos objetos e pessoas.

Finalmente, a partir da 5ª série, o trabalho de orientação centrar-se-á na realização de atividades em movimento, situando os objetos em relação a outros objetos e pessoas.

Uma seqüência de ensino/aprendizagem

- *Nível apropriado*
  3ª e 4ª séries do ensino fundamental.

- *Objetivos referenciais*
  - Saber empregar as noções espaciais associadas às relações espaciais, em diferentes situações motoras e em diferentes espaços de ação.

- Experimentar diferentes formas de se orientar no espaço usando os sentidos, os recursos naturais, o mapa, a bússola, etc.
- Realizar brinquedos de orientação em espaços urbanos e naturais, conhecidos e desconhecidos.

- *Conteúdos conceituais e atitudinais associados*
  – Conceituais
    - Diferentes recursos para se orientar: perceptivos, naturais, mecânicos, etc.
    - Vocabulário específico da orientação.
  – Atitudinais
    - Deslocamento livre em espaços conhecidos ou desconhecidos, sem temor de se perder, tendo consciência das possibilidades e limitações.
    - Avaliação da importância de saber se orientar corretamente como forma de aumentar a segurança, a confiança e a autonomia pessoal.

- *Conhecimentos prévios*
    - Adquirir noções referentes às relações espaciais.
    - Domínio de habilidades perceptivas em relação ao espaço.

- *Atividades de ensino/aprendizagem*

Antes de iniciar o trabalho de orientação, e como elemento de motivação, propõe-se refletir sobre três questões:

1. Que meios temos para nos orientar?
   – *Artificiais*
     - A bússola (o azimute).
     - O mapa topográfico (os signos convencionais, a escala e as curvas de nível).
   – *Naturais*
     - O sol (em relação aos pontos cardeais).
     - As estrelas (em relação aos pontos cardeais).
     - Os indícios (o musgo, os círculos de crescimento das árvores, os relógios solares, as zonas de sombras, etc.).
2. Onde podemos nos orientar?
     - Espaços familiares (a sala de aula, o pátio, a escola, o caminho de casa para a escola, etc.).
     - Espaços ampliados (zonas verdes próximas, o bairro, a cidade, etc.).
     - Espaços desconhecidos (outros bairros, outras localidades, passeios na natureza, etc.).
3. Que tipo de orientação podemos conhecer?
     - Urbana (realiza-se no interior das localidades).
     - Natural (realiza-se em plena natureza).

- Mista (realiza-se nas imediações naturais das localidades, aproveitando ambos recursos).

Uma vez finalizado o debate inicial, as propostas podem ficar estruturadas em dois blocos:

1. Que trabalho de aula podemos fazer?

   a. Mostrar os meios de orientação artificial.
   - *A bússola*
     - O que é? Para que serve? Como deve ser usada?
     - Calcular e localizar azimutes.
     - Ditados espaciais empregando folhas quadriculadas e os pontos cardeais (N = acima; S = abaixo; E = direita; O = esquerda. Seguindo as direções em diagonal, NO, NE, SO, SE).
   - *O mapa topográfico*
     - Desenhar um *croquis* da sala de aula, da escola ou do bairro, situando os objetos ou pontos principais.
     - Desenhar um trajeto, descrevê-lo, segui-lo (por exemplo, o percurso para ir a outra sala de aula, ao pátio ou de casa para a escola).
     - Observar e aprender alguns signos convencionais que constem nas legendas dos mapas.
     - Criar signos para um mapa.
     - Combinar alguns signos entre todos os membros da aula e compará-los com os convencionais.
     - Observar a representação do relevo por meio das curvas de relevo.
     - Aprender o vocabulário e os conceitos básicos de orientação mediante a confecção de dicionários, fichas, resumos, gráficos, sopas de letras, etc.

2. Que trabalho de campo podemos fazer?

   a. Mostrar os meios de orientação naturais.
   - Saber se orientar com a ajuda do sol e das estrelas (a estrela Polar na Ursa Menor).
   - Aprender a descrever indícios naturais.

   b. Pôr em prática todos os conhecimentos adquiridos previamente mediante jogos e atividades lúdicas.
   - Jogos de pista. Por meio de signos convencionais ou inventados, traçar uma pista, um percurso com uma saída ou mais e uma chegada, que deve ser seguida, geralmente por equipes, guiando-se por sinais e mensagens que serão encontradas ao longo do traçado. Este deverá ser percorrido com a maior exatidão e no menor tempo. As possibilidades são infinitas. Por exemplo, o clássico jogo da caça ao tesouro. A posição

do tesouro e a posição de cada equipe encontram-se marcadas em um mapa.
- Gincana. É um jogo muito parecido com o anterior, já que também deve ser seguido um trajeto determinado, durante o qual encontrarão uma série de postos de controle com alguns responsáveis, que pedirão para as equipes que realizem determinadas tarefas ou que respondam a determinadas perguntas. Ao terminar o jogo, segundo as normas previamente estabelecidas, contabiliza-se a pontuação de cada equipe em função do tempo empregado e da boa execução das tarefas ou da correta resposta às perguntas. As possibilidades também são infinitas.
- Corridas de orientação. Por duplas ou em pequenos grupos, deverá seguir-se um itinerário por uma série de pontos que estão assinalados em um mapa que os participantes têm. No menor tempo possível, deverão ser percorridos todos esses pontos, marcando na ficha de controle, como combinado.
- O jogo de escolher o caminho. Procurar sobre um mapa, comprovando depois, o caminho mais interessante para ir de um lugar a outro, levando em conta diversos fatores (distância que é preciso percorrer, dificuldades do terreno, lugares interessantes, vistas panorâmicas, fontes, monumentos, etc.). Posteriormente, promover um debate entre todos os grupos.
- Percurso de sabores. Organiza-se um jogo de pistas no qual cada sabor tem uma mensagem determinada. O sabor ácido significa que o caminho é errado, o sabor doce indica que se deve seguir reto; o sabor salgado, para a direita; o sabor de menta, para a esquerda, etc.

LANÇAMENTO

A coordenação visuomotora – onde inserimos os lançamentos – é o processo que permite ao menino ou à menina, frente a um estímulo visual, dirigir o corpo e orientar o segmento do braço para operar diretamente sobre esse estímulo. A ação sistemática do olho, da mão e do objeto é bastante complexa e seu trabalho, essencial durante todo o fundamental.

Importância de sua aprendizagem

A educação motora dedica uma atenção especial à coordenação dinâmica específica, que representa o domínio das tarefas nas quais o menino ou a menina atua sobre os objetos. Os lançamentos são objeto educativo durante todo o desenvolvimento, tanto pela evolução correta da técnica do lançamento como pela riqueza de vivenciar os lançamentos em toda sua gama de possibilidades de desenvolver outros aspectos, como a lateralidade, a estruturação espacial, o reconhecimento das qualidades dos materiais, etc.

Grau e tipo de aprendizagem a alcançar no ensino fundamental

– 1ª e 2ª séries
  - Experimentação com todo tipo de materiais.
  - Conscientizar-se do movimento do lançamento.
  - Colocação do corpo, orientação das forças.
  - Utilização diferenciada dos segmentos corporais.
  - Experimentação de todos os tipos de lançamentos.
  - Trabalho de outras habilidades motoras para favorecer o lançamento.
– 3ª e 4ª séries
  - Controle dos lançamentos simples.
  - Análise da técnica dos lançamentos simples.
  - Controle das trajetórias projetadas nos objetos: pontaria nos lançamentos simples.
– A partir da 5ª série
  - Controle e adaptação dos lançamentos simples e dos mais complexos.
  - Análise da técnica específica de cada tipo de lançamento.

Linhas gerais da seqüência de aprendizagem ao longo do ensino

Os lançamentos fazem parte das habilidades motoras básicas, que podem ser entendidas como a competência adquirida por um sujeito na realização de uma tarefa determinada. Trata-se de uma capacidade para resolver um problema motor específico, para elaborar e dar reposta eficaz e econômica, com o fim de alcançar um objetivo concreto.

A aprendizagem de uma habilidade nunca se realiza a partir do nada. Cada habilidade é o produto de acomodações e modificações de habilidades já adquiridas que constituem o repertório do indivíduo, repertório que se elabora durante a primeira infância e filogeneticamente.

A partir do reflexo, que é o elemento básico e fundamental, chega-se, durante os primeiros anos de vida e mediante a integração de diferentes módulos reflexos, aos movimentos gerais ou esquemas fundamentais. Mediante a experimentação destes, configuram-se as habilidades básicas: deslocamentos, saltos, giros, lançamentos, recepções, etc.

A adaptação, combinação e aperfeiçoamento das habilidades básicas dará lugar a habilidades mais concretas. São as chamadas habilidades específicas.

Uma seqüência de ensino/aprendizagem

- *Nível apropriado*
  3ª e 4ª séries.

- *Objetivos referenciais*
  - Reconhecer as características de cada material para conseguir um lançamento estabilizado e correto.

- Reconhecer a importância da colocação dos segmentos corporais na execução dos diferentes tipos de lançamentos.
- Analisar como os aspectos espaciais e temporais intervêm nos lançamentos.
- Aplicar a análise de um movimento na melhora do gesto.
- Refletir sobre a implicação das capacidades físico-motoras nos lançamentos.

- *Conteúdos conceituais e atitudinais associados*
  - Conceituais
    - Diferentes qualidades, formas e possibilidades de movimento.
    - Conhecimento da adaptação do lançamento à forma e ao tipo de material.
  - Atitudinais
    - Avaliação da qualidade dos movimentos.
    - Consciência quanto à necessidade de desenvolver as habilidades básicas para alcançar, posteriormente, as específicas.
    - Aceitação das limitações e possibilidades de si mesmo e dos outros.

- *Conhecimentos prévios*
  - Habilidades perceptivas de coordenação.
  - Lançamentos múltiplos.
  - Conhecimento da situação corporal necessária no momento de efetuar os lançamentos e dos materiais que são lançados.

- *Atividades de ensino/aprendizagem*

A seqüência que se propõe para o trabalho de lançamento na 3ª e na 4ª séries parte de lançamentos simples executados em forma de jogo, para melhorá-los comprovando sua efetividade mediante um controle dos impactos.

Pode-se seguir essa seqüência estruturada em diversas fases, levando em conta os *diferentes fatores intervenientes*:
  - *Fase I*. Antes dos lançamentos, efetuar a análise inicial do:
    - Objeto.
    - Alvo.
    - Lançador.
  - *Fase II*. No momento de lançar:
    - Avaliar a efetividade da análise inicial.
    - Observar a precisão do lançamento.
  - *Fase III*. Feitos os primeiros lançamentos, buscar possibilidades de melhora mediante:
    - Análise de trajetória.
    - Reajuste corporal.
  - *Fase IV*. Realização de novos lançamentos:
    - Observar possíveis aumentos na precisão.

- Observar possíveis melhoras na técnica do gesto.
– Fase V. Ao terminar os lançamentos, analisar:
  - Objeto.
  - Alvo.
  - Lançador.

As análises e as observações podem ser realizadas oralmente ou por escrito (ficha) e com comentários, individualmente, em pequeno grupo ou em grande grupo.

Aspectos que devem ser tratados

– Fase I
1. Natureza do objeto
   - Ter experienciado lançamentos com diversos materiais para proporcionar uma bagagem motora.
   - Extrair dados sobre sua forma, peso, tamanho, possível trajetória, como se pode adaptar à mão, etc.
2. Localização do alvo
   - Observar sua situação espacial levando em conta a distância, a altura, a superfície, a imobilidade ou mobilidade (mudanças de velocidade e/ou direção).
3. Adaptação do lançador ao objeto
   - Ter experienciado múltiplas maneiras de lançar para proporcionar uma bagagem motora.
   - Com uma/duas mãos.
   - Com todo o braço/todo o corpo.
   - Com deslocamento do corpo ou sem ele.
   - Colocando os pés paralelamente/um na frente do outro.
   - Perto/longe.
   - Forte/fraco.
   - Alto/baixo.
   - Em frente/atrás/ao lado de.
   - Rápido/lento.
   - Etc.
   - Refletir sobre o controle e o domínio corporal, a flexibilidade, a força, o relaxamento, a atitude, a apreciação de velocidades e trajetórias, etc.

– Fase II
Grau de exatidão, a partir do controle de impactos e da avaliação da análise inicial.
   - Realizar um controle de impactos anotando o número total de lançamentos e indicando os acertos.
   - Avaliar, em função deste número, se a adaptação do lançador ao artefato está correta ou pode melhorar.

– *Fase III*
Busca de melhoras pela análise das trajetórias e do reajuste corporal.
- Desenhar a trajetória descrita pelo objeto.
- Descobrir novas possibilidades de trajetória para incrementar a eficácia do lançamento.
- Observar em si mesmo e nos demais:
- Que partes do corpo são usadas no lançamento?
- Quais se movem primeiro e quais depois?
- Que movimentos realiza uma determinada parte do corpo, ou mais de uma (braço, mão, pulso, tronco, pernas, pés, cabeça, etc.)?
- Grau de atenção, de concentração, de reflexão.
- Colocação corporal quanto ao objeto.
- Colocação corporal quanto ao alvo.
- Reproduzir o gesto sem efetuar o lançamento.
- Imitar o gesto de um companheiro.

– *Fase IV*
Grau de efetividade segundo o controle de impactos e a melhora do gesto técnico, que permita um maior controle do lançamento.
- Realizar um controle de impactos anotando o número total de lançamentos, indicando os acertos.
- Conscientizar-se de como o lançamento se modificou para tornar-se mais preciso e efetivo.

– *Fase V*
Análise final.
– Tirar conclusões quanto ao objeto e ao alvo:
- É fácil lançar esse objeto?
- Pode ser lançado de outras maneiras mais efetivas?
- O que aconteceria se o alvo fosse móvel ou imóvel?
– Tirar conclusões sobre o lançador e o lançamento:
- Como se conseguirá apontar melhor?
- Poder-se-ia incrementar a propulsão do lançamento (rotação, empuxe, peso do corpo, braço armado, balanceio, flexão do tronco, etc.)?
- Poder-se-ia lançar outro objeto do mesmo modo?
- Como se lança melhor: se o alvo está muito longe ou se está muito perto, se é grande ou se é pequeno, etc.?
- Você é capaz de lançar como o seu colega?
- Você consegue lançar agora fazendo antes um deslocamento ou um salto?
- Você é capaz de coordenar uma recepção com um lançamento?
- Etc.

Alguns exemplos de atividades para trabalhar na linha de seqüência proposta

- Circuito com fases: bolas, argolas, bocha, disco-voador, boliche, etc.
- Lançamento a um alvo estático: com bolas de diferentes peso e tamanho, colocar-se em diferentes posições (sentados, ajoelhados, deitados, de pé, etc.), medindo a efetividade do lançamento. Também pode-se fazer com que o lançador esteja em movimento, que dê um salto, que receba o objeto pelo ar, etc.
- Jogo de derrubar a cidade. Formam-se equipes. Cada jogador dispõe de uma pequena bola esponjosa. As equipes são colocadas uma em frente da outra, separadas pelo círculo central da cancha de basquete, deixando uma distância de cada lado de uns 8 ou 10 metros. Colocam-se de 15 a 20 cones ou latas em cada uma das metades que formam o círculo central. Cada equipe se coloca no campo contrário ao que se encontram suas latas. Mediante impactos, deverá se conseguir tirar as latas do semicírculo, antes de que o consiga a outra equipe. Se for necessário, pode-se ir buscar as bolas na zona de lançamentos, mas para lançá-las de novo deverá se voltar à posição inicial.
- Jogo de caça aos patos. Formam-se três grupos. Dois deles colocam-se nos lados da cancha de esportes – os caçadores –, e o outro dentro de uma goleira, os patos. Cada caçador dispõe de uma pequena bola esponjosa que deverá lançar nos patos quando estes cruzem a cancha. A bola deve atingir abaixo da linha de cintura dos patos. Os patos sairão um por um, fazendo o percurso de ida ou, se se prefere, de ida e volta, até o outro extremo da cancha. Se o pato é alcançado pelo lançamento de um caçador, deverá sentar-se no solo, no lugar onde se produziu o impacto, o que dificultará a corrida dos outros patos. Os lançamentos devem ser feitos desde uma distância combinada. Depois os papéis são invertidos.

SUBIR

Subir faz parte do repertório de deslocamentos englobado pela coordenação dinâmica geral. Esta pode ser definida como o processo que ocorre quando, a partir de um estímulo ou motivação, efetua-se um movimento que permite deslocar-se no espaço.

As subidas são deslocamentos inclinados ou verticais ascendentes, mas não horizontais, onde há necessidade de utilizar a capacidade preênsil das extremidades superiores e o apoio das inferiores.

Importância de sua aprendizagem

É fundamental trabalhar esse tipo de deslocamento por dois motivos:

- Para reunir uma série de características (reorganização da informação postural e do ambiente, mudança de referências, etc.) que só se tem com outro tipo de habilidade (as suspensões).
- Pela importância que adquirem todos os aspectos emocionais e atitudinais: o risco requer decisões nas quais a autoconfiança, o conhecimento das possibilidades de si mesmo e as experiências anteriores com sua carga emotiva correspondente serão determinantes para uma execução satisfatória.

A segurança deverá ser muito controlada, embora não se deva cair na superproteção ou na anulação de experiências. O equilíbrio entre o excesso de risco e a proteção exagerada será o ponto-chave para o educador.

Grau e tipo de aprendizagem a alcançar no ensino fundamental

– 1ª e 2ª séries
  - Experimentação de subidas por diferentes superfícies.
  - Experienciação e diferenciação de subidas por superfícies com diferentes graus de inclinação.
  - Exploração das possibilidades corporais fixando-se na variação das alturas.
  - Descoberta dos diferentes tipos de apoios com mãos e pés.
  - Pesquisa sobre o aumento de dificuldade das subidas por superfícies móveis.
– 3ª e 4ª séries
  - Análise da colocação segmentária do corpo.
  - Descoberta da implicação da força e da flexibilidade.
  - Experimentação de subidas por superfícies verticais.
  - Pontos de apoio.
– A partir da 5ª série
  - Adaptação a situações de escalada na montanha.
  - Iniciação à técnica específica da escalada: modalidades, materiais.
  - Uso correto de materiais auxiliares: cordas, pregos, etc.

Linhas gerais da seqüência de aprendizagem ao longo do ensino

As subidas são as habilidades motoras básicas, quer dizer, a seqüência de aprendizagem geral apresentada nos lançamentos também seria válida no caso destas, levando em conta as particularidades no que se refere à mecânica de execução.

Na 1ª e na 2ª séries é importante basear a intervenção pedagógica para desenvolver as habilidades motoras básicas na capacidade de resolução de problemas motores, variando alguma condição das que os alunos já sabem resolver.

Na 3ª e na 4ª, segue-se a mesma linha, mas a adaptação do movimento às circunstâncias e condições da capacidade progride com o controle dos movimentos em distintos ambientes.

A partir da 5ª série, serão introduzidos distintos meios (aquático, montanhoso, etc.), utilizando diversos materiais, adequados a estímulos externos. Um aspecto importante da resolução de problemas motores nessas idades é a capacidade de selecionar uma estratégia para resolvê-los em função de diferentes critérios.

Uma seqüência de ensino/aprendizagem

- *Nível apropriado*
  1ª e 2ª séries do ensino fundamental.

- *Objetivos referenciais*
  - Aumentar a autoconfiança e a autonomia nos deslocamentos.
  - Desenvolver as capacidades superiores que intervêm nos deslocamentos.
  - Potencializar a motivação intrínseca da criança para subir, além de variar as referências espaciais e seu centro de gravidade.
  - Reforçar a efetividade da criança, possibilitando a responsabilidade individual e a superação de um objetivo: subir mais alto, aumentando a complexidade, sempre alcançando sucessos exeqüíveis e seguros.
  - Ampliar o leque de experiências motoras que proporcionarão mais disponibilidade e enriquecimento corporais.

- *Conteúdos conceituais e atitudinais associados*
  – Conceituais
    - Diferentes tipos de inclinação das superfícies de deslocamento.
    - O plano vertical.
    - Dificuldades dos diversos tipos de superfícies.
  – Atitudinais
    - A segurança como aspecto básico para subir.
    - A autoconfiança. Conhecer as limitações.
    - Superação de dificuldades. O risco controlado.

- *Conhecimentos prévios (trabalhados na educação infantil)*
  - Interiorização do tratamento da informação sobre a posição corporal de cada segmento e das características do meio que permitem subir.
  - Interiorização da seleção dos grupos musculares que deverão intervir na subida.
  - Experimentação sobre as próprias possibilidades, sobre a responsabilidade individual, a autoconfiança. Não ter sofrido uma superproteção quanto a situações que comportam mais altura.

- Experimentação ampla e simultânea dos deslocamentos básicos: corrida, corrida de quatro, saltos, etc.
- Trabalho de atividades para fortalecer o reflexo preênsil.
- Ensaio de quedas desde diferentes alturas.

- *Atividades de ensino/aprendizagem*

Dada a impossibilidade de poder realizar subidas na maioria das escolas, propõe-se trabalhá-las em diversos parques e praças, muitos das quais possuem aparelhagem lúdica bastante útil e animadora. Seria desejável que essa extensa variedade de estruturas, formadas por diferentes elementos e materiais, passem também a ter lugar nos pátios das escolas. Assim, os alunos podem encarapitar-se, escalar ou subir por/em:

- Cordas em forma de rede (por exemplo, redes piramidais).
- Escadas de plástico ou madeira (por exemplo, construções que representam casas, carros, cabanas, castelos, barcos, torres, etc.).
- Rampas (por exemplo, tobogãs ou rampas de diferentes inclinações que configurem as construções).

A metodologia a ser empregada consiste em favorecer a livre exploração, que permita contribuições globais e espontâneas.

O adulto deve ter presente:
Antes das atividades:

- Velar pela segurança, prevendo todos os possíveis perigos antes de começar, comentado-os e dando oportunas indicações (é preciso levar em conta a altura das quedas e que as bases de amortecimento sejam macias).
- Trabalhar as quedas em diferentes atividades, especialmente o momento do contato com a superfície onde se cai e a colocação dos segmentos corporais: as mãos sempre deverão ir na frente, preparadas para ajudar a diminuir o impacto; as pernas deverão flexionar-se no momento de tocar o solo, para amortecer o impacto.
- Exemplo. Realizar saltos de diversas formas:
- Em profundidade/em altura.
- De cima para baixo/de baixo para cima.
- Realizando diferentes movimentos: abrir e fechar as pernas, flexionar as pernas, levantar os braços, etc.
- Variando os apoios no impulso: com um ou dois pés.
- Mudando os apoios na queda: com um ou dois pés.
- Materiais para trabalhá-lo:
- Tatame, barras, pequenos trampolins, cadeiras, escadas, cordas, obstáculos, aros, barras de equilíbrio, bancos suecos, etc.

No momento das atividades:

- Nos primeiro contatos com o material:
  - Aceitar.
  - Escutar.
  - Observar.
  - Tolerar.
  - Permitir.
- Na aquisição de habilidades:
  - Orientar.
  - Propor.
  - Incitar.
  - Impulsionar.
  - Suscitar.
- Para aumentar o repertório:
  - Ajudar.
  - Organizar.
  - Rejeitar.
  - Dirigir.

As *atividades* para trabalhar a aquisição de habilidades poderiam ser:

- Seguir uma seqüência: braço direito-perna direita, braço esquerdo-perna esquerda; ou braço esquerdo-perna direita, braço direito-perna esquerda.
- Tentar subir com os olhos abertos ou fechados.
- Subir sem a ajuda das pernas, sem a ajuda das mãos, mancando, com os dois pés e uma mão, etc.
- Descobrir maneiras de subir em posição dorsal, lateral ou de frente.
- Experimentar diferentes formas de pegar com as mãos: com um determinado número de dedos, vendo o dorso das mãos, vendo as palmas das mãos, com os braços cruzados, com as mãos na mesma altura ou em diferentes alturas, por cima da cabeça, na altura da cintura, agarrando-se e indo com ambas mãos alternadamente ou ao mesmo tempo, etc.
- Ensaiar diferentes formas de colocar os pés: com a ponta dos pés, com o calcanhar, com a planta, como se as pernas fossem de madeira, subindo com os dois pés ao mesmo tempo, colocando os pés longe ou próximos das mãos, etc.
- Buscar diferentes posturas corporais para subir pelas rampas: de quatro, de joelhos, de cócoras, com o corpo inclinado para a frente, sem ajuda de pés ou de mãos, segurando a mão de um colega, etc.

EXPRESSÃO DE EMOÇÕES E SENTIMENTOS

A expressão corporal encontra-se implícita em toda ação desenvolvida por nosso corpo. Sendo um meio de comunicação com o exterior e com a gente mesmo, deve-se aprender a linguagem corporal, que é a base da expressão e da comunicação verbal.

Importância de sua aprendizagem

É fundamental conhecer os sinais não-verbais empregados constantemente, de forma consciente, ou inconsciente e que indicam personalidade, sentimentos, atitudes, etc., de quem os comunica.

Mediante as técnicas expressivas e a espontaneidade, deverão conhecer-se e desenvolver as qualidades expressivas de nosso corpo, contribuindo para um conhecimento ativo da corporalidade.

GRAU E TIPO DE APRENDIZAGEM A ALCANÇAR NO ENSINO FUNDAMENTAL

- 1ª e 2ª séries
    - Exploração de formas expressivas – espontâneas, imitação, simulação – que partam do trabalho das capacidades perceptivas e de coordenação.
    - Expressão de sentimentos básicos: alegria, afeto, medo, tristeza, raiva, etc., fazendo uso do rosto e de todo o corpo.
    - Utilização do gesto, do olhar, da voz, do movimento, etc., para expressar emoções.
- 3ª e 4ª séries
    - Conscientização das possibilidades expressivas do corpo.
    - Iniciação das técnicas expressivas: estudo do olhar, do gesto, da atitude postural; observação de diferentes ações em diferentes espaços como aspectos básicos da habilidade motora expressiva.
    - Expressão de sentimentos, emoções e ações reproduzidas cotidianamente.
    - Utilização do brinquedo como ferramenta desinibidora.
- A partir da 5ª série
    - Conscientização da necessidade de estimular capacidades de expressão corporal, individuais e coletivas, espontâneas ou conscientes, frente a uma sociedade despersonalizadora, massificadora, unificadora, mecanizadora, estereotipada, etc., que reprime cotidianamente as possibilidades expressivas do corpo, bloqueando-o, inibindo-o.
    - Uso das técnicas expressivas: mímica, dramatização, etc.
    - Utilização do brinquedo para favorecer a criatividade.
    - Análise de ações, sentimentos e emoções.

Linhas gerais da seqüência de aprendizagem ao longo do ensino

A utilização dos recursos expressivos do corpo na 1ª e 2ª séries se concretizam na exploração das possibilidades que têm o gesto e o movimento na expressão. Serão ações de caráter espontâneo, assim como da imitação ou simulação motora. A partir da observação do ambiente, os alunos devem perceber as (e se conscientizar das) diferentes posições corporais, caretas, gestos, etc., tanto deles como dos demais.

Na 3ª e 4ª séries, é fundamental aprofundar a capacidade de empregar os recursos expressivos do corpo mediante a exploração e a experimentação de suas possibilidades. Observando gestos e movimentos alheios, os alunos devem começar a reconhecer mensagens. Nessa etapa pode-se introduzir alguma técnica expressiva para utilizar o gesto e o movimento na representação de objetos e personagens, mas sempre em situações lúdicas.

A partir da 5ª série, devem ser fortalecidos os conhecimentos relativos à utilização dos recursos expressivos do corpo. Os alunos devem avaliar os aspectos qualitativos do movimento, os próprios e os dos demais. Devem aprofundar o trabalho das diferentes manifestações expressivas associadas ao movimento – mímica, dramatização – e devem diferenciá-las entre si. A improvisação de situações de comunicação, aproveitando os recursos proporcionados pelas imagens, os textos, as músicas ou experiências prévias, é um aspecto importante nessas idades.

Uma seqüência de ensino/aprendizagem

- *Nível apropriado*
  1ª e 2ª séries.

- *Objetivos referenciais*
    - Buscar diferentes possibilidade expressivas do corpo.
    - Desenvolver as qualidade expressivas do corpo.
    - Empregar e conhecer a linguagem corporal como meio de comunicação verbal.
    - Utilizar o corpo para expressar emoções e sentimentos.
    - Reconhecer em colegas emoções e sentimentos a partir de sua linguagem.

- *Conteúdos conceituais e atitudinais associados*
    – Conceituais
        - Vinculação da expressão corporal a outras formas de expressão e comunicação que estão mais sistematizadas.
        - Conhecimento do próprio corpo, buscando nele o valor expressivo.
    – Atitudinais
        - Avaliação da importância da linguagem corporal.

- Aproveitamento das habilidades motoras expressivas para uma melhora da relação social.
- Desinibição e espontaneidade frente ao bloqueio e ao desinteresse.
- Interesse pela expressão da imaginação, da criatividade e da espontaneidade.

• *Conhecimentos prévios*
- Trabalho de outras formas de expressão e de comunicação em outras áreas.
- Conhecimento, em nível elementar, do próprio corpo e de suas possibilidades motoras, assim como das habilidades perceptivas e coordenativas.

• *Atividades de ensino/aprendizagem*
A seqüência de trabalho que se propõe para a 1ª e 2ª séries observa a utilização de diferentes elementos expressivos: o olhar, as mãos, o rosto e a voz.
Para cada um destes elementos sugerem-se diversos níveis de exploração (motivacional, espontâneo, de simulação e imitativo), a fim de facilitar as aprendizagens.
– Brincando com o olhar

1. Atividade motivadora
    - O apaixonado. Sentados em círculo ou caminhando pela sala. Distribuir diversos papéis de príncipes e princesas que, para se apaixonarem, piscarão o olho. A "vítima" cairá no chão, esperando um momento antes disso, para despistar os colegas. Se alguém suspeita do colega, pode falar. Se acerta em sua suspeita, o apaixonado "perde seu encanto". Se não acerta, o que tinha suspeitado transforma-se em um sapo.
2. Exploração espontânea
    - Sentados em círculo, chamar-se com o olhar. Quando dois olhares se encontram, há que levantar e trocar de lugar um com o outro.
    - Seguir objetos imaginários com a vista.
3. Exploração simulada
    - Expressar com o olhar diferentes sentimentos: surpresa, nojo, medo, cumplicidade, rejeição, etc.
4. Exploração imitativa
    - Sentados em círculo, um aluno transmite um sentimento a um colega com o olhar. Cada pessoa deverá interpretar o olhar do colega e saber transmiti-lo do mesmo modo a fim de não alterar a mensagem.
– Brincando com as mãos

1. Exploração espontânea
    - Em duplas, manter uma conversa empregando apenas as mãos.

2. Exploração simulada
   - Apontar, chamar uma pessoa, fazer com que venha e detê-la quando se encontra próxima; fazer silêncio; coçar-se; cumprimentar; lavar as mãos; escrever; pintar; recortar, coser; pescar; abotoar; pentear-se; escovar os dentes; apontar um lápis; secar o suor; comer; tocar um instrumento; etc.
   - Nossas mãos são: uma borboleta, um caracol, uma aranha, uma pedra, um papel, o sol, a lua, etc.
3. Exploração imitativa
   - Procurar uma narração que implique bastante gesticulação com as mãos cujos movimentos serão imitados pelos alunos.

– Brincando com o rosto

1. Exploração espontânea
   - Expressar diferentes sentimentos diante de um espelho.
   - Fazer movimentos com uma parte específica do rosto (os olhos, o nariz, a boca, as sobrancelhas, etc.).
   - Uma criança faz caretas para o professor e um colega acrescenta a voz.
2. Exploração simulada
   - Fazer cara de azedume; fazer cara de circunstância; fazer cara de zombaria; fazer cara de más intenções; fazer cara de enganado; fazer cara de bobo; fazer cara de poucos amigos; etc.
3. Exploração imitativa
   - Em círculo, passar a careta: um aluno realiza livremente uma careta e a envia para qualquer colega do círculo. Este "a põe", imitando-a com a máxima fidelidade possível e, em seguida, inventa outra para transmiti-la a outro colega.

– Brincando com a voz

1. Exploração espontânea
   - Expressar-se usando apenas um número, o sim, o não e uma palavra.
   - Acompanhar um grito com um gesto, um olhar ou um movimento corporal.
   - Pronunciar as vogais exagerando a posição bucal de cada uma delas.
   - Pronunciar uma palavra ou frase enquanto tapamos a boca, as orelhas, o nariz, com um dedo na boca, mastigando algo, etc.
2. Exploração simulada
   - Reproduzir sons com a voz: uma música, uma corrida de motos, uma selva, a hora do recreio, a feira, uma porta que range, o trem que sai da estação, etc.
   - Variar a forma de pronunciar uma frase segundo o estado de ânimo.

3. Exploração imitativa
   - Imitar sons animais (gato, cachorro, cordeiro, leão, pássaro, macaco); sons da natureza (temporal, vento, chuva, fogo, rio, trovão, mar, terremoto); sons de objetos (relógio, sino, chocalho, apito, moto, escavadora, fogos de artifícios, instrumentos musicais).

GIROS

Os giros são a capacidade do corpo para girar sobre qualquer um de seus três eixos: longitudinal, transversal e ântero-posterior.

Importância de sua aprendizagem

A descoberta dos três eixos do corpo e a possibilidade deste de girar sobre eles, assim como seu controle global durante os giros, proporcionam uma série de experiências de percepção interna e de novas referências espaciais, imprescindíveis para completar o desenvolvimento motor.

Grau e tipo de aprendizagem a alcançar no ensino fundamental

- 1ª e 2ª séries
  - Exploração de giros sobre os três eixos corporais.
  - Giros sobre o eixo transversal, no solo, para a frente e para trás.
  - Vivência de todas as formas possíveis de girar sobre o eixo transversal: barras, suspensões, etc.
  - Giros sobre o eixo longitudinal, deitados no solo, de pé.
  - Experimentação da capacidade do corpo para girar sobre o eixo ântero-posterior. Início na atividade de rodar.
- 3ª e 4ª séries
  - Conscientização dos três eixos corporais.
  - Ampliação do leque de tipos de giro experimentados sobre o eixo transversal.
  - Interiorização do movimento corporal que supõe um giro de 360°
  - Conscientização das referências espaciais que supõem os giros de 360° e de 180°
  - Vivência dos giros sobre o eixo transversal no ar, sem apoio.
- A partir da 5ª série
  - Controle dos giros sobre o eixo longitudinal de 360° ou mais.
  - Implicação do movimento segmentário do corpo para favorecer o giro.
  - Controle dos giros sobre o eixo transversal no solo em todas suas manifestações (cambalhotas de todo tipo, saltar como um peixe).
  - Domínio dos giros transversais sobre barras.
  - Trabalho dos giros transversais no ar: mortais para a frente, para trás.
  - Análise da posição do corpo nos giros transversais e sua implicação na execução.

Linhas gerais da seqüência de aprendizagem ao longo do ensino

Os giros fazem parte das habilidades motoras básicas, que já foram analisadas anteriormente. Tudo o que se disse até agora das habilidades motoras básicas é aplicável aos giros e nos centraremos, portanto, nos aspectos específicos destes.

Nos primeiros anos do ensino fundamental deve-se trabalhar na linha de exploração de giros sobre os eixos corporais existentes. Proporemos experiências de giro sobre o eixo transversal no solo, para a frente e para trás. Também se proporá a experimentação de todas as possibilidades de girar sobre o eixo transversal com barras, cordas, colegas, etc. A descoberta dos giros no eixo longitudinal no solo e de pé também deverá ser proposta nesses níveis.

Por último, será iniciada a experiência de girar sobre o eixo que menos se utiliza espontaneamente: o ântero-posterior.

Na 3ª e 4ª séries, obter-se-á conscientização dos três eixos corporais e ampliar-se-á o leque de experiências a partir das já obtidas, melhorando a execução e as possibilidades corporais. Deverá se tentar interiorizar o movimento corporal que supõe um giro de 360° a fim de iniciar o trabalho de conscientização das referências espaciais que supõem giros de 360° e 180°. Será iniciado o trabalho de experimentação de giros no ar sobre o eixo transversal.

A partir da 5ª série, se todo o processo foi seguido, dever-se-á chegar ao controle dos giros de 360° ou mais sobre o eixo longitudinal, reconhecendo a implicação do movimento segmentário do corpo no giro. O controle dos giros transversais no solo e no ar será conseguido pela análise da posição do corpo nos giros e a interiorização dos movimentos.

A seqüência que propomos a seguir, destinada às últimas séries do fundamental, pode ser considerada como uma habilidade motora específica. Assim que, para sua aquisição, é imprescindível ter assimilado todos os passos prévios em séries anteriores.

Uma seqüência de ensino/aprendizagem

- *Nível apropriado*
  A partir da 5ª série.

- *Objetivos referenciais*
    - Desenvolver as habilidades motoras básicas em todas as suas manifestações.
    - Descobrir possibilidades de giro do corpo com todas as novas percepções que supõem.
    - Melhorar todos os giros trabalhados, introduzindo-se em cada técnica.

- *Conteúdos conceituais e atitudinais associados*
    – Conceituais

- Os três eixos corporais.
- Implicação dos segmentos corporais na hora de girar: evolução embolado-arqueado-rolado.
- Importância do movimento da cabeça acompanhado do olhar como forma de controle do giro.
- Conceito de centro de gravidade corporal.
– Atitudinais
    - Aceitação das possibilidades de giro em função das dimensões corporais.
-Interesse pela manutenção de algumas medidas básicas de segurança.
    - Aceitação das próprias possibilidades e progressos.

- *Conhecimentos prévios*
    - Consciência e experimentação ampla de giros nos três eixos corporais.
    - Realização de giros sobre o eixo transversal no ar (sem apoio).

- *Atividades de ensino/aprendizagem*

A seqüência que se propõe é a dos giros transversais no ar: para a frente e para trás. Como se esquematiza no gráfico a seguir, para poder adquirir essa aprendizagem deverão ter sido trabalhados previamente os giros sobre os diferentes eixos corporais – longitudinal e ântero-posterior –, mas, sobretudo, os giros sobre o eixo transversal no solo.

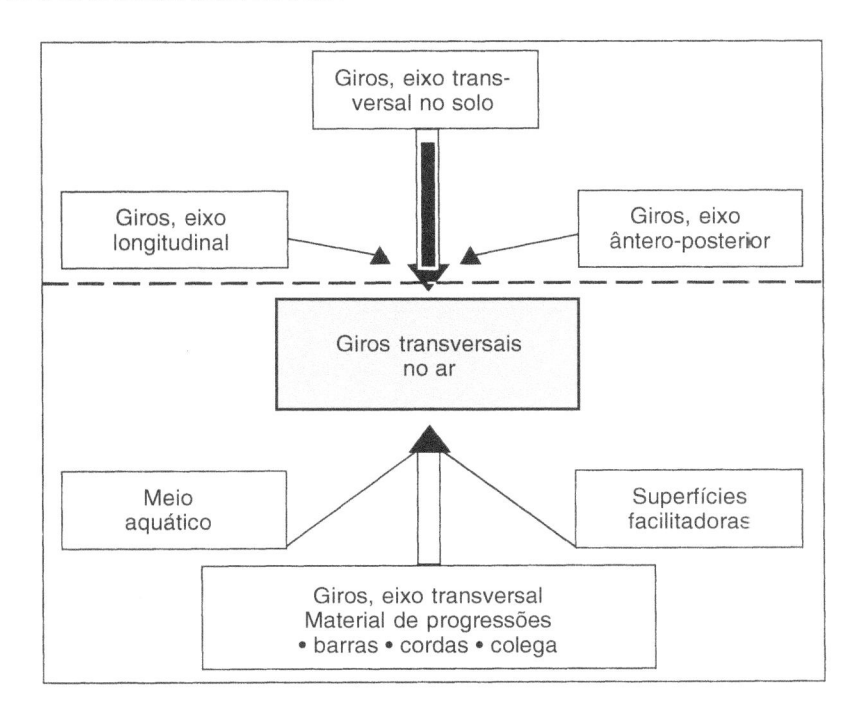

```
┌─────────────────────────────────────────────────────────┐
│                   ┌──────────────────┐                  │
│                   │ Giros, eixo trans-│                 │
│                   │  versal no solo  │                  │
│                   └────────┬─────────┘                  │
│                            │                            │
│  ┌──────────────┐          ▼         ┌──────────────┐   │
│  │ Giros, eixo  │                    │ Giros, eixo  │   │
│  │ longitudinal │─────▶       ◀──────│ântero-posterior│ │
│  └──────────────┘                    └──────────────┘   │
│ - - - - - - - - - ┌──────────────────┐ - - - - - - - - -│
│                   │ Giros transversais│                 │
│                   │      no ar       │                  │
│                   └────────▲─────────┘                  │
│                            │                            │
│  ┌──────────────┐          │         ┌──────────────┐   │
│  │    Meio      │          │         │  Superfícies │   │
│  │   aquático   │          │         │ facilitadoras│   │
│  └──────────────┘          │         └──────────────┘   │
│                   ┌──────────────────┐                  │
│                   │Giros, eixo transversal│             │
│                   │ Material de progressões│            │
│                   │ • barras • cordas • colega│         │
│                   └──────────────────┘                  │
└─────────────────────────────────────────────────────────┘
```

Também observa-se no gráfico a incorporação de diferentes meios para favorecer a aprendizagem, elemento básico para enriquecer o leque de padrões motores dos alunos. Além de diferentes meios, também se propõe como elemento fundamental dentro da seqüência o uso de material adequado para facilitar o processo (barras, cordas).

Propomos fazer a seqüência em duas fases diferenciais:

– Propor um *trabalho de reflexão* para determinar o nível de aprendizagem.

Pode-se propor uma série de atividades para reconhecer o nível de cada aluno. Fazê-lo por pares e, ao terminar podem responder conjuntamente a um questionário.

Alguns exemplos de atividades seriam:
- Série de cambalhotas para a frente levantando-se sem o apoio das mãos.
- Série de cambalhotas para trás.
- Fazer o tanque por duplas.
- Saltando como peixe por sobre um banco.
- Sobre uma barra horizontal, giro para a frente, giro para trás.
- Agarrados a duas cordas dependuradas no teto, giro para a frente, giro para trás.
- Cambalhota por pares, as mãos seguras, costas com costas (Figura 5.6).

Figura 5.6

Todas as tarefas propostas teriam que ter sido trabalhadas anteriormente.

– *Exemplos de atividades de aprendizagem*

1. Propor uma série de atividades centradas na experimentação do giro sobre o eixo transversal no ar com colegas e material. As tarefas devem estar muito claras, com informação precisa e cada aluno deve verbalizar sua experiência.

- Giro para a frente. Pode-se realizar por trios: dois ajudam o terceiro a dar a cambalhota sobre um colchão (Figura 5.7) ou segurando-se na barra. Orientações que devem ser dadas:

Figura 5.7

* A cabeça deve ir para a frente.
* O corpo deve estar como uma bola.
* Os olhos, ao finalizar o giro, procuram uma referência em frente.
* O traseiro eleva-se para tornar o giro possível.

2. Propor atividades de giro com superfícies facilitadoras. Pode-se conseguir a progressão com os seguintes exemplos:
   – *Com trampolim*
     - Saltar muito.
     - Corpo reto.
     - No segundo salto, e no ponto mais alto, os joelhos devem tocar o peito.
     - Com dois colchões grossos, saltar para cima e girar sobre a superfície elevada (Figura 5.8).

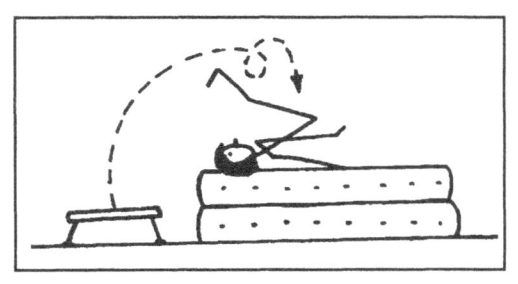

Figura 5.8

   – *Com minitrampolim e* roda-gigante, os alunos que demonstraram um certo nível podem experimentar, sob orientações e com ajuda, o giro no ar (Figura 5.9). As orientações são as seguintes:

Figura 5.9

* Saltar muito.
* Embolar-se muito.
* Girar rápido, escondendo a cabeça.
* Os olhos procuram um ponto de referência na parede.
3. Uma vez interiorizado o giro nos meios anteriores, propõe-se introduzir o meio aquático. Pode se seguir o seguinte exemplo de atividades:
   – *Dentro da água.*
      - Realizar giros para a frente submersos na água. Um, mais de um, seguidos, etc.
      - Sobre as costas de um colega, lançar-se para a frente fazendo um giro na água ou no ar (Figura 5.10).

Figura 5.10

   - Cruzar a piscina, dando uma cambalhota para a frente em cada bóia encontrada.
   – *Da borda.*
      - Como antes, mas com toda uma fila de crianças de mãos dadas, a primeira vai puxando as outras (Figura 5.11).

Figura 5.11

- A mesma coisa, individualmente, mas saltando um pouco mais, sem tomar impulso.
- Tendo comprovado a falta de perigo, tomar impulso e tentar saltar da borda da piscina para a água, realizando o giro no ar. Cair sentado. Com os colegas, comentar a execução de cada um.
4. Para consolidar a aprendizagem, volta-se a trabalhar em superfícies adequadas. Nessa parte da aprendizagem, serão imprescindíveis:
   - Filmagens.
   - Verbalizações.
   - Trabalho individualizado.
   - Avaliações entre colegas.
   - Folhas de auto-avaliação.

Alguns exemplos de atividades com minitrampolim seriam:
   - Alguns saltos para se familiarizar com ele.
   - Saltar como um peixe, fixando-se no vôo inicial e como se escondesse a cabeça. Insistir na execução correta.
   - Pôr uma corda alta (1,30 m) segurada muito suavemente, e soltá-la, tocando o peito com os joelhos.
   - Com a ajuda do professor, tentar a cambalhota no ar. Melhor fazê-lo com dois ajudantes, para que eles também experimentem a forma de ajuda e examinem como o fazem os colegas.

Figura 5.12

6

Língua

Artur Noguerol

OS CONTEÚDOS PROCEDIMENTAIS NA ÁREA DE LÍNGUA

A área de Língua na etapa do ensino fundamental é essencialmente instrumental (procedimental) e, portanto, o núcleo dos conteúdos são os procedimentos. A aprendizagem da língua no ensino fundamental (daqui para a frente denominado EF) "deve ser proposta desde a perspectiva da aquisição de um instrumento, tanto para a comunicação como para a aprendizagem" (Introdução à Área de Língua do Currículo da Educação Primária do Departament d'Ensenyament). Isso quer dizer que o currículo de língua deve observar os conteúdos procedimentais necessários para as aprendizagens lingüísticas e, além disso, as bases gerais para as aprendizagens das demais áreas. Com o termo "bases gerais" queremos indicar que de nenhum modo pode se esperar que o trabalho realizado na área de Língua possa suprir o trabalho que se deve fazer em cada área para adquirir estas aprendizagens.

OS CONTEÚDOS PROCEDIMENTAIS RELACIONADOS COM OUTROS TIPOS DE CONTEÚDOS

Como nas demais áreas, na área de Língua as aprendizagens dos conteúdos procedimentais e conceituais estão tão fortemente relacionados que são exatamente como as duas faces de uma mesma moeda. Tais conteúdos são determinados pelas atitudes que os alunos têm frente à aprendizagem em geral e possuem uma grande importância, pois condicionam, além disso, a aprendizagem dos instrumentos necessários para a aquisição dos conteúdos de outras áreas curriculares.

A aprendizagem dos conteúdos relativos às atitudes, aos valores e às normas é o marco necessário para qualquer aprendizagem e, nesse caso, a base necessária para a aprendizagem significativa dos procedimentos lingüísticos. Esse ponto é importante pelo fato de que, com freqüência, a descontextualização que se produz em relação às aprendizagens lingüísticas na escola – aprende-se seu uso para..., sem que, geralmente, sejam aplicadas a nenhuma finalidade além do seu próprio uso – faz com que resulte excessivamente abstrata e que dificulte sua correta interiorização. Por exemplo, aprende-se a escrever cartas sem que sejam utilizadas para as finalidades que lhes são próprias. As atitudes dos alunos, neste caso a vontade de aprender, deverão alcançar as finalidades das atividades de ensino/aprendizagem dos procedimentos lingüísticos de todo o currículo.

OS CONTEÚDOS PROCEDIMENTAIS MAIS SIGNIFICATIVOS

Na área de Língua, os conteúdos procedimentais são o núcleo que organiza todas as aprendizagens. Mas, ademais, os procedimentos lingüísticos intervêm na maioria das áreas como organizadores dos conteúdos procedimentais específicos de cada uma. Por esse motivo, muitos dos livros que tratam de técnicas de estudo, de estratégias de aprendizagem ou de qualquer outro tipo de conteúdos procedimentais costumam dedicar uma parte importante de suas proposições à leitura e à escrita como estratégias em torno das quais giram muitas das propostas de inovação didática nesse campo.

O fato de que os diferentes procedimentos de que estamos falando tenham-se relacionado tradicionalmente com a área de Língua tem sua origem na confusão que se deu entre aprendizagens lingüísticas e aprendizagens da língua. As primeiras estão acima das distinções das disciplinas acadêmicas e são um aspecto das relações entre linguagem e pensamento. As segundas seriam as aprendizagens próprias da área lingüística e seriam paralelas aos problemas colocados pelos procedimentos específicos das demais áreas.

Situada assim a problemática, fica claro que o progresso no domínio dos procedimentos lingüísticos, como a língua oral, a leitura ou a escrita, de nenhum modo pode estar reservado ao trabalho específico dos materiais e atividades da área de Língua. Falar, ler e escrever se aprende falando, lendo e escrevendo reflexivamente sobre conteúdos conceituais de todas e cada uma das áreas. Em nenhum caso pode-se pensar que o que se aprende na leitura de histórias é aplicável diretamente à leitura dos problemas. É necessário a tradução (que o professor deve ajudar a fazer corretamente) dos textos de problemas. Deixar tudo para a intuição dos alunos cria as dificuldades da situação atual, em que todos nos queixamos das dificuldades dos alunos e damos soluções sempre parciais, que não atacam o problema radicalmente.

No currículo para o ensino fundamental, os conteúdos procedimentais da área de Língua se estruturam seguindo o eixo da língua oral e da língua escrita, o da compreensão e o da expressão – estes são os procedimentos que, além do mais, deve-se aprender a aplicar em outras áreas – e outros que são específicos da área de Língua, que aparecem no bloco de trabalho sistemático da Língua.

TIPO DE CONTEÚDOS PROCEDIMENTAIS DA ÁREA: GERAIS E ESPECÍFICOS

Na área de Língua, tal como nas demais, há certos conteúdos procedimentais que são gerais, apesar de que o conteúdo a que se aplicam os torne qualitativamente diferentes e sejam necessárias algumas aprendizagens específicas para transferi-los com suficientes garantias. Mas, na linha do que dissemos até aqui, a grande maioria dos procedimentos de língua é própria dessa área quando se aplica a conteúdos próprios da área, e gerais quando se fazem com conteúdos de outra matéria. Ler um poema exige um domínio de estratégias diferentes da leitura de um problema, e não se pode pensar que quem sabe ler um poema sabe ler uma lição de Ciências Sociais. O professor ensina a ler textos relacionados com a língua nos momentos dedicados especificamente a essa matéria, mas também é responsável pelo ensino do processo de leitura de textos de outras áreas. Falando de modo geral, essas aprendizagens de procedimentos lingüísticos pedem da escola a realização de um projeto curricular lingüístico que, entre outros aspectos, especifique como pode ser abordado seu ensino e sua aprendizagem como marco para o planejamento de atividades definidas que assegurem uma progressão correta.

Outro aspecto relacionado com esse é o das aprendizagens dos conteúdos procedimentais gerais – estratégias de aprendizagem –, como, por exemplo, o planejamento da atividade de aprendizagem ou o controle sobre as atividades – metacognição. Essas aprendizagens devem ser levadas em conta como componentes de cada um dos procedimentos, e deverão ser ensinadas como tais em cada um dos procedimentos que estruturem a "matéria" – diga-se como se queira – de uma série, etapa ou grau. Por exemplo, a revisão ou controle metacognitivo tem um tratamento específico nas propostas da compreensão na leitura e na escrita, mas está na base de todos os outros procedimentos propostos.

Estruturamos a exemplificação dos conteúdos procedimentais da língua da seguinte maneira: propusemos dois que são totalmente inespecíficos, os dois primeiros (caligrafia e trabalhos escritos). O da busca de palavras no dicionário tem características particulares conforme o dicionário – enciclopédia ou vocabulário específico – em questão e pode ser trabalhado por conteúdos diferentes. Aqui propomos que se trabalhe a partir de uma área não-lingüística para favorecer sua transferência a outras áreas. Há mais dois que são específicos de cada uma das áreas em que são trabalhados e dependem do tipo de textos a que se deva aplicá-los. Trata-se da compreensão de leitura e da expressão escrita. Em nossa proposta, o primeiro foi aplicado a um texto de área não-lingüística, e o segundo, a um da área de Língua. Finalmente, a indução/aplicação das regras de acentuação é um conteúdo específico das atividades de ensino e aprendizagem da área de Língua. Com esta organização, quisemos tornar manifesto a

	Eixo 1		Eixo 2		Eixo 3	
	Motor	Cognitivo	Uma ação	Pluralidade de ações	Algorítmico	Heurístico
Caligrafia	**+**	-	+	-	-	+
Apresentação de trabalhos escritos	**+/-**	**+**	-	+	-	+
Busca no dicionário	+/-	+	**+**	**-**	+	+/-
Compreensão de leitura	-	+	**-**	**+**	-	+
Regras ortográficas	-	+	-	+	**+**	**-**
Escrita	+/-	+	-	+	**-**	**+**

diferente funcionalidade dos conteúdos procedimentais que tradicionalmente são atribuídas à área de Língua.

CALIGRAFIA

A escrita, como meio de comunicação, é um procedimento que inclui uma série de processos menores que é preciso exercitar para adquirir um domínio global adequado. Entre eles se encontra o domínio motor para o desenho das grafias, domínio esse que está intimamente relacionado com habilidades psicomotoras e, nesse caso, referimo-nos ao domínio da motricidade fina, que ajuda a utilizar os instrumentos de escrita com a fluência necessária para que o pensamento possa ser exteriorizado de modo que os outros entendam. A construção dos signos gráficos para facilitar a comunicação é, assim, o núcleo desse procedimento.

Importância de sua aprendizagem

A importância desta aprendizagem deve ser considerada em relação a dois componentes. Por um lado, o domínio motor é necessário para a maturidade global do pensamento, o que é importantíssimo se pensamos em determinados esquemas espaciais – o próprio corpo, por exemplo. Por outro lado, a realização gráfica da escrita exige o domínio de alguns instrumentos e a divisão do espaço necessário para uma correta comunicação com quem lerá o texto (isto é certo por hora, ao menos, já que o avanço das ferramentas informáticas facilita a escrita das pessoas com deficiências motoras e a generalização dessas ferramentas fará com que se tenha de propor essa problemática sob outra perspectiva).

Grau e tipo de aprendizagem a alcançar no ensino fundamental

Ao concluir o ensino fundamental, o aluno ou a aluna deverá ser capaz de:
- Escrever com letra clara, com domínio de diferentes tamanhos, coerência no traço e uma velocidade adequada à extensão dos textos escritos nessas idades.
- Escrever com pautas simples, ou sem pautas, dentro de um espaço suficientemente grande para o texto em questão. Em algumas escolas, o uso da língua escrita é excessivo, e a possibilidade de uma boa caligrafia está completamente fora de lugar, por causa da necessária velocidade, deformadora da letra. De qualquer forma, deve-se pedir aos alunos que tenham um domínio suficiente da escrita, pensando na função comunicativa que esta deve cumprir.

Linhas gerais das seqüência de aprendizagem ao longo do ensino

1. O domínio da letra manuscrita deve estar relacionado com o domínio do espaço e sua organização.
2. Será necessário passar do domínio da letra grande para o domínio de tamanhos adequados aos exercícios que se exige dos alunos.
3. A caligrafia também deve considerar os espaços em branco, as margens, as entrelinhas, os espaços entre palavras, a inclinação das linhas, etc.
4. O domínio da caligrafia deverá ter presente a necessidade de se escrever num determinado ritmo devido às exigências da escrita de textos cada vez mais longos e com uma clara limitação do tempo de que se dispõe para isso.
5. Admitindo que o traço e a economia da escrita são variáveis segundo a função e meio de comunicação do texto, deverão ser levados em conta as formas mais corretas da letra cursiva, respeitando as características pessoais do traço.
6. Em todos esses aspectos, deverá-se levar em conta, particularmente, as características especiais da caligrafia dos canhotos.
7. Dar atenção à boa letra em todos os textos trabalhados nas diferentes séries ou etapas.

Uma seqüência de ensino/aprendizagem

- *Nível apropriado*

Situamos essa unidade no conjunto das aprendizagens da 1ª e 2ª séries do EF – em relação muito direta com os processos que devem ser dominados na EF, é difícil chegar a um bom domínio da caligrafia, se não houver um bom nível ao terminá-lo.

- *Objetivos referenciais*
    - Reconhecer e ter interiorizado o esquema corporal (lateralidade e domínio do espaço próximo).
    - Dominar as habilidades motoras necessárias para uma correta realização das grafias (motricidade fina).
    - Escrever corretamente as letras maiúsculas e as minúsculas e o traço de união que se deve fazer entre elas. Esse objetivo deve se relacionar com a necessidade de economia no traçado das letras e as características pessoais da escrita.

- *Conteúdos conceituais e atitudinais associados*
Apesar de não poderem ser considerados diretamente como conteúdos conceituais de suporte, os conceitos de palavra e sílaba são necessários para a correta separação dos elementos gráficos que a criança realiza. Também deverão ser domianadas as regras de escrita das maiúsculas e, em geral, as regras ortográficas. Quanto às atitudes, deverá ser mostrado interesse pela comunicação eficaz e, concretamente, pela apresentação cuidadosa que favoreça sua leitura.

- *Conhecimentos prévios*
    - Lateralidade e esquema corporal suficientemente evoluídos.
    - O ritmo e a direção da escrita.
    - Motricidade manual suficientemente evoluída, sobretudo no domínio de instrumentos relativamente pequenos.
    - Conhecimento do que significa a língua escrita em nossa cultura, como instrumento de comunicação (o significado de seu nome, o de determinadas marcas publicitárias, o significado da leitura de textos por parte dos adultos, etc.).

- *Atividades de ensino/aprendizagem*
As atividades descritas a seguir supõem uma seqüência que deve ser realizada com variações desde o começo da educação infantil e que, ao chegar à 1ª série, deverá ser repetida com mais ou menos rapidez segundo o nível de maturidade motora do grupo de alunos. É preciso ter presente que essa unidade não pode ser realizada isoladamente, e deve-se relacionar com as atividades de outras unidades didáticas.

  1. Seqüência de ritmos realizados com todo o corpo – como cumprimento de ordens verbais ou simplesmente como brinquedo. Essas atividades serão feitas no pátio da escola. Como modelo, pode servir o jogo do rei (todos imitam o que faz quem anda na frente). Os trajetos que serão projetados deverão seguir ritmos do tipo que logo será necessário para a realização das grafias: círculos, ondulações, retas ligadas com curvas, etc.
     Primeiro, tais atividades serão realizadas com margens amplas para o trajeto; progressivamente, o lugar por onde devem passar será cada vez

menor. Também é conveniente que tais exercícios se realizem em um lugar onde haja terra que possa ser marcada com objetos diferentes, como vassouras, réguas, etc.
2. As seqüência anteriores serão reproduzidas, mas agora o solo será marcado com um objeto relativamente grande ou, se não for possível, com giz.
3. Os mesmos ritmos serão produzidos sobre a superfície da mesa (pode-se fazer pondo em cima um pouco de serragem e executando o exercício com as mãos).
4. Os ritmos serão reproduzidos sobre uma superfície. O espaço é mais estreito e reduzido, mas grande ainda, por exemplo, sobre o quadro-negro da aula com giz ou sobre uma folha de papel do tamanho A2, no mínimo, e com um pincel atômico bem grosso.
5. Os ritmos citados serão reproduzidos em um papel tamanho A4, pautado ou não. Esse exercício é o como a repetição dos adornos em um friso, mas, como se pode ver aqui, é o resultado de um processo de interiorização de formas que auxiliam na interiorização dos esquemas espaciais necessários para uma melhor conceitualização do espaço.
6. A professora ou o professor escreverá as letras diante dos alunos para que estes tenham um modelo dos traços e do modo de realizá-los economicamente.
7. Escrita, por parte da criança, sobre papel branco de forma mais ou menos espontânea. Atenção para a divisão do espaço quanto ao desenho, que costuma ser o complemento do texto.
8. Escrita, por parte do menino ou da menina, fazendo uma cópia de modelos dados pela professora ou pelo professor, em papel pautado ou não e com variação do tipo de pauta segundo o nível do ciclo e a seqüência que se estabeleça na escola.
9. Atividades concretas de escrita com a modulação, por parte do professor ou da professora, do traço mais econômico da letra cursiva. Dever-se-á especial atenção às maiúsculas e à união entre letras.

APRESENTAÇÃO DOS TRABALHOS ESCRITOS

Antes de mais nada, é preciso notar que, ao falar de trabalhos escritos, referimo-nos a todo tipo de pastas, álbuns, exercícios escritos, etc., que porpostos aos alunos como recopilação de um conjunto de experiências escolares, que tenham uma extensão que exija a encadernação. A forma e características dependem muito da metodologia de cada escola.

Esse conteúdo procedimental centra-se na necessária atenção aos aspectos mais materiais da apresentação dos trabalhos escritos. Certamente, tal procedimento tem componentes motores similares aos citados no trecho sobre caligrafia, mas agora os componentes articuladores dos procedimentos precisam ser relacionados diretamente com o significado que se quer dar a cada elemento, lingüístico ou não. A apresentação do trabalho escrito pede um marco significativo em relação ao qual quem escreve tem de tomar decisões de construção do conjunto que é o trabalho escrito. Nessa construção, a letra desempenha um papel, como na caligrafia, mas também as formas e tamanhos com os quais assinala a importância de cada palavra, o boneco e a diagramação: os elementos não-lingüísticos que completam o texto, como os gráficos, ilustrações, etc., inclusive a própria forma de encadernação.

Importância de sua aprendizagem

Tradicionalmente, nos textos relacionados com as técnicas de estudo, reserva-se um espaço para os trabalhos escritos, propostos como introdução aos estudos universitários. Essa proposição não tem sentido no ensino obrigatório.

Trata-se de proporcionar ao aluno aquele procedimento que o ajudará a reorganizar suas aprendizagens (deverá recolher informações recebidas de diferentes âmbitos, atividades e intenções), dando-lhe elementos para a compreensão leitora (sabendo como se organiza significativamente um texto, poderá reconhecer os organizadores textuais) e, principalmente, que favorecerá para a utilização dos diferentes elementos que compõem a comunicação escrita como globalidade (desde a resposta escrita até o meio de comunicação escrito).

Grau e tipo de aprendizagem a alcançar no ensino fundamental

Ao terminar o EF, o aluno deve ser capaz de apresentar suas pastas e trabalhos de maneira correta. Nas séries finais, se houver especialistas, esse procedimento deverá ser aplicado às atividades escolares que tenham sido planejadas pelas diferentes áreas curriculares, e não como algo específico de uma área ou tipo especial de tarefa ou controle.

Linhas gerais da seqüência de aprendizagem ao longo do ensino

Já dissemos que o primeiro passo é o exercício da caligrafia nas duas séries iniciais.

A seqüência continuará com a confecção dos álbuns trimestrais de trabalho na 1ª e 2ª séries, onde se começará a habituar os alunos a mínimas exigências, por exemplo a capa.

Utilizar alguma atividade global, por exemplo, um passeio, visita ou acampamento, para oportunizar um modelo concreto de apresentação da recopilação das atividades.

Ao chegar ao final da etapa, terá que se introduzir todos os elementos de apresentação, seja como recopilação das atividades de uma área ou de uma busca de informação. Deverá que ser feito como modelo global da apresentação, para ser aplicado progressivamente a todos os trabalhos escritos:

1. Capa e elementos que a compõem, índice pormenorizado, explicitação dos diferentes trechos em que se divide o conteúdo, gráficos, ilustrações, boneco, diagramação e, finalmente, encadernação.
2. O título do trabalho e sua relação com a importância e significado dos diferentes títulos e subtítulos.
3. Modelos de encadernação e funcionalidade.

Uma seqüência de ensino/aprendizagem

- *Nível apropriado*

As atividades dessa unidade didática se situarão em torno do primeiro trimestre da 5ª série. Se na série atuam diferentes especialistas, será imprescindível o consumo da equipe para realizar os passos envolvidos.

- *Objetivos referenciais*
    - Conhecer os elementos básicos na apresentação de um trabalho escrito e saber adequar a estrutura dos trabalhos exigidos pelas áreas curriculares.

- *Conteúdos conceituais e atitudinais associados*
    – Conceituais
        - A necessidade de relacionar esse conteúdo procedimental com a estrutura – mapa – mental dos conceitos de cada área e que serão abordados no trabalho escrito, especificados o roteiro ou índice detalhado do trabalho.
        - Partes de um trabalho escrito: capa, índice, introdução, capítulos e, se conveniente, conclusões e bibliografia.
    – Atitudinais
        - Interesse pela boa redação ou apresentação cuidadosa dos trabalhos escritos.
        - Respeito pelos possíveis leitores do texto.

- *Conhecimentos prévios*
    - Hábito de apresentar adequadamente os álbuns e pastas dos trabalhos escolares.
    - Conhecimento das partes de um livro e a função que cada uma delas cumpre (a capa e dados da impressão, o sumário e os diferentes elementos de apresentação, a intitulação dos capítulos e as legendas e fontes das ilustrações).
    - Domínio básico da caligrafia e da divisão do espaço de uma página.

- *Atividades de ensino/aprendizagem*
1. Propor uma atividade global que exija a recopilação de materiais e sua apresentação em um único volume, como uma visita a uma fábrica.

Conjuntamente com os alunos, serão explicitados os conteúdos a serem trabalhados e será redigido por todos o roteiro do que deverá ser levado em conta.
2. Feito isso, a professora ou o professor elaborará um questionário-roteiro que, além de apresentar os conteúdos essenciais do tema, possa servir de modelo para a apresentação de trabalhos e que explicite os elementos que devem ser levados em conta. Esse texto deverá ter referências de textos, conversas com informantes e gráficos de apresentação e informação, do tipo que se utilizam normalmente nas atividades escolares.
3. O documento será apresentado à turma e, com a colaboração dos alunos, serão definidas as normas que devem ser seguidas na apresentação dos trabalhos escritos. Para consegui-lo, deve-se partir do questionário que foi apresentado como modelo. As normas deverão ser de tal modo que os alunos possam verbalizar com facilidade o que deve ser feito para apresentar corretamente um trabalho escrito – ou seja, é preciso utilizar palavras significativas para os alunos, palavras suas, se desejamos que o exercício da reflexão crie o hábito da boa apresentação. Os primeiros aspectos a serem realizados são os que se referem àquilo que habitualmente os alunos fazem corretamente em suas apresentações. A partir destas normas, já adquiridas pela maioria do grupo, serão realizadas as que forem mais básicas e necessárias, levando em conta que um número excessivo delas dificulta a interiorização e a verdadeira aprendizagem. Essas normas serão escritas para que o aluno possa consultar sempre.

Por exemplo, se queremos que se centrem na intitulação, mostraremos diferentes capas de livro e faremos o estudo dos títulos e dos tipos de letras empregados. Escolheremos um e mostraremos o esquema sobre o qual foi construído e as regras que podem ser tiradas quanto aos espaços e ao alinhamento, e as que estruturam os traços das letras. De um modo simular, operaremos com o resto dos elementos.
4. Será realizada a atividade proposta no roteiro e elaborado o trabalho escrito, se possível em grupos, dando especial atenção aos aspectos da apresentação, que ajudaremos a melhorar fazendo referência às normas escritas.
5. Centrar o trabalho em uma só área e, se houver especialistas, os mesmos não intervirão durante esse tempo. Os alunos devem receber, nesse primeiro momento, as informações de apenas um ponto de vista. Uma vez finalizada e corrigida essa atividade por parte dos alunos e do professor, a aprendizagem será aplicada aos trabalhos de outras áreas, e os especialistas poderão aplicá-la a suas áreas, sempre seguindo as referências elaboradas e fazendo com que a avaliação seja compartilhada e esteja relacionada com esssas referências.

BUSCA DE UMA PALAVRA NO DICIONÁRIO

Esse conteúdo procedimental será relacionado com a procura do significado das palavras, o que o relaciona com outros procedimentos mais gerais, como a compreensão leitora e a expressão escrita, mas, além disso, como parte da compreensão, pode-se relacionar com outros processos das outras áreas curriculares.

O procedimento, apesar de ser muito simples, varia conforme a estrutura do verbete do dicionário em questão e a funcionalidade da busca. Em geral, implica encontrar, seguindo a ordem alfabética ou outra organização dos elementos, o verbete da palavra e, entre as diferentes acepções, escolher a conveniente, interpretando os diferentes símbolos empregados.

Importância de sua aprendizagem

Antes de falar da importância desse procedimento, é preciso pensar que a procura do significado de uma palavra não deve centrar-se neste procedimento. A busca a partir das informações do contexto é mais fundamental para a compreensão leitora, e o uso sistemático do dicionário pode dificultar sua aprendizagem. Portanto, levando em conta esse aspecto prévio, a procura do significado de uma palavra no dicionário pode ajudar em um melhor domínio de outros procedimentos e, além disso, constitui-se uma das ferramentas para conseguir a autonomia no processo de aprendizagem, aproximando-o da forma de fazer do adulto.

Grau e tipo de aprendizagem a alcançar no ensino fundamental

Deve-se levar em conta que os diferentes tipos de dicionários, enciclopédias e léxicos específicos apresentam diferentes dificuldades de leitura que será necessário graduar ao longo do EF. Alguns dicionários, como o etimológico, e enciclopédias e léxicos muito especializados deverão ser deixados para níveis superiores. Feita esta advertência, os alunos, ao terminar o EF, devem ser capazes de:

- Saber que forma da palavra aparecerá no dicionário.
- Encontrar uma palavra no dicionário, seja qual for a ordem e estrutura deste.
- Decidir qual é o significado mais adequado para um determinado contexto.
- Saber interpretar as convenções e os símbolos mais gerais utilizados nesse tipo de textos.
- Reconhecer os diferentes tipos de dicionários e enciclopédias usados em aula e sua utilidade.

Linhas gerais da seqüência de aprendizagem ao longo do ensino

As linhas deste processo estão em relação direta com o problema da escassez de textos deste tipo que tenham sido escritos para alunos de EF, embora ultimamente comece a haver um certo interesse pela publicação de tais materiais.

1. O início do processo situa-se na aprendizagem da leitura e da escrita.
2. Um primeiro passo necessário é a aprendizagem da ordem alfabética. Posteriormente, deverão introduzidos outros tipos de organização dos dicionários; por exemplo, os temáticos ou ideológicos ou outros similares.
    A partir do dicionário de aula pode-se introduzir diferentes formas de expressar o significado das palavras: por seu desenho, por sua utilização em frases, por sinônimos ou antônimos, etc.
3. Saber encontrar a forma da palavra que aparecerá no dicionário: singular por plural, infinitivo pessoal, etc.
4. Reconhecer progressivamente as diferentes convenções e símbolos utilizados nesse tipo de texto. A partir desses dados do dicionário e pelo contexto no qual a palavra aparece, saber determinar qual das diferentes acepções é a correta em cada caso.
5. Introduzir progressivamente o uso de diferentes tipos de dicionário: do dicionário de aula ao dicionário de língua, com ou sem ilustrações, os dicionários de sinônimos e antônimos, os dicionários bilíngües e as enciclopédias (primeiro o dicionário enciclopédico e depois os temáticos).

Ao fazer estas introduções progressivas, é preciso insistir se na possível utilidade e funcionalidade de cada dicionário.

Uma seqüência de ensino/aprendizagem

- *Nível apropriado*

Esse grupo de atividades se situa ao final da 5ª série do EF.

- *Objetivos referenciais*
    - Saber encontrar no dicionário o verbete correspondente a uma palavra determinada, do vocabulário da matéria na qual apareceu, e de dificuldade adequada para a idade dos alunos.
    - Saber encontrar o significado preciso de uma determinada palavra, dentro de um determinado contexto.

- *Conteúdos conceituais e atitudinais associados*

Os conteúdos conceituais de suporte são os conhecimentos prévios citados a seguir e os relacionados com a área em que se trabalhe o dicionário. Levaremos em conta apenas os conteúdos atitudinais: interesse pela correção na utilização das palavras e por conhecer o significado preciso de palavras-chave das áreas curriculares.

- *Conhecimentos prévios*

Nos anos anteriores, deve ter sido trabalhado o dicionário de aula, a ordem alfabética – com a ordem de até três letras –, a utilização do dicionário de aula e também deve ter sido usado em aula o dicionário da língua e o de sinônimos, com a ajuda e a orientação direta do professor, se possível adequados ao nível dos alunos.

Será necessário, em geral, o conhecimento das diferentes formas das palavras e as noções gramaticais do léxico correspondentes às convenções e símbolos do dicionário que introduziremos na aula.

- *Atividades de ensino/aprendizagem*

Essa seqüência de atividades será realizada com textos de uma área curricular não-lingüística, mas serão procuradas palavras que não sejam específicas da área, pois implicariam a introdução de léxico específico. É requisito indispensável que todos os alunos tenham o mesmo dicionário, escolhido pela equipe docente como dicionário para o EF.

1. Antes de começar o trabalho com dicionário, serão realizados exercícios preparatórios: ordenar palavras que tenham a primeira letra igual; identificar as palavras que possam ir entre duas palavras, quando tenham as duas ou três primeiras letras iguais; dar uma palavra no plural, no passado, etc., e apontar a forma como aparecerá no dicionário.
2. Dizer, em voz alta, palavras que os alunos devem encontrar no dicionário e dizer em que página e linha podem ser encontradas.
3. Xerocopiar a página do dicionário em que aparece uma palavra de um texto que os alunos tenham – do livro didático da área ou de um texto simples de consulta. Mostrar aos alunos o processo que é preciso seguir para identificar o significado específico que se deve encontrar. Nesse processo, serão analisados os diferentes símbolos e convenções do verbete do dicionário.
4. Seguindo o modelo anterior, pedir que, por grupos, procurem o significado de outra palavra do texto, fazendo-o com o dicionário pessoal. Agora, a palavra terá poucas acepções, estará claro qual delas está relacionada com o texto.
5. Coletivamente, será verbalizado o processo que é preciso seguir para encontrar uma palavra no dicionário e os passos que é preciso dar para reconhecer o significado correto. Será conveniente que esses passos sejam verbalizados para auxiliar na interiorização do processo.
6. Individualmente, deverão realizar o mesmo exercício com outras palavras. Farão uma correção prévia em grupos e a correção coletiva, dando especial atenção ao processo seguido na realização do exercício, mais do que ao resultado final.

COMPREENSÃO LEITORA

A compreensão leitora é um procedimento que inclui uma série de procedimentos menores, estratégias e técnicas que é preciso saber utilizar adequadamente para construir o significado que cada texto propõe. A compreensão leitora não é propriamente um único procedimento, porque, segundo o tipo de texto e seu conteúdo conceitual, será necessária uma maneira diferente de chegar à sua compreensão. Por esse motivo, a compreensão leitora será aplicada a cada novo tipo de texto proposto ou cada vez que se introduza uma nova matéria.

A compreensão leitora centra-se normalmente nos aspectos lingüísticos, mas não se pode esquecer de levar em conta desde o tamanho e o tipo de letra até os espaços em branco ou as ilustrações e gráficos que complementam o texto.

Importância de sua aprendizagem

A necessidade de uma boa compreensão leitora está na base de muitas das atividades escolares realizadas na maioria das áreas curriculares. Muitas vezes a avaliação negativa nas áreas não-lingüísticas do currículo reduzem-se à constatação da falta de compreensão leitora, indicando que muitas vezes o trabalho escolar está excessivamente centrado nos textos escritos.

O problema de compreensão dos textos escolares ocorre porque, em todas as áreas, pressupõe-se que a aprendizagem realizada na área de Língua é diretamente aplicável a qualquer outra área, tendo-se por certo que não é preciso fazer nada a partir das atividades da área: se os alunos sabem identificar as palavras escritas, saberão encontrar o significado global do texto. O fato, no entanto, é que as pessoas podem identificar as palavras e não compreender o problema de Matemática como problema, já que lhes faltam instrumentos para poder extrair seu significado, o que só lhes foi ensinado a fazer em relação a histórias e poemas. Se queremos que saibam fazê-lo, será preciso ensinar-lhes a ler os problemas de Matemática.

Grau e tipo de aprendizagem a alcançar no ensino fundamental

- Saber extrair e interpretar a informação de qualquer texto das diferentes áreas do currículo da EF.
- Saber utilizar os elementos lingüísticos e os gráficos não-verbais para a compreensão global do texto.
- Conhecer as características e a funcionalidade dos elementos que definem os tipos de texto de cada uma das áreas curriculares da EF.
- Ter interiorizado os passos e as estratégias que devem ser realizados para chegar a uma compreensão correta dos diferentes tipos de texto que se trabalham no EF.

Linhas gerais da seqüência de aprendizagem ao longo do ensino

Este é um dos âmbitos que o projeto curricular (lingüístico) da escola é essencial para assegurar uma progressão que auxilie cada aluno a encontrar o modo de conhecer todas as estratégias de compreensão de texto. Este processo deve ser assegurado da educação infantil ao ensino médio.

1. No processo de aprendizagem da leitura e da escrita é preciso levar em conta que o fato de ler é um ato de comunicação no qual alguém quer dizer algo para outro e no qual quem lê deve construir o significado que aparece representado mediante as grafias. Esse ato tem dois componentes intimamente relacionados: as descodificações ou o decifrado e a compreensão.
2. Aplicação a distintos tipos de texto, de diferentes áreas curriculares e em diferentes níveis educativos, progredindo no grau de dificuldade e na conscientização do processo por parte dos alunos.
3. Utilização de diferentes estratégias e técnicas que ajudem a melhorar o processo.
4. Exercitar-se simultaneamente nos elementos relacionados com a descodificação, como complemento necessário da compreensão leitora em relação ao fato global da leitura.

Uma seqüência de ensino/aprendizagem

- *Nível apropriado*

Esta unidade será realizada, em princípio, em seqüências de atividades de áreas curriculares não-lingüísticas.

A proposta, com variações, pode ser realizada da 3ª série em diante. A que configuramos aqui está pensada para a 6ª série.

- *Objetivos referenciais*
    - Conhecer os elementos utilizados para destacar os componentes de um texto de explicação de conceitos, relacionados com uma área curricular.
    - Identificar os diferentes componentes do texto e sua função no significado global.
    - Identificar a oração ou o fragmento central (idéia principal) de um parágrafo, as orações complementares (idéias secundárias) e os exemplos.
    - Sublinhar o texto e fazer anotações à margem.

- *Conteúdos conceituais e atitudinais associados*

Os conteúdos conceituais de suporte mais importantes são os da área específica. Quanto ao procedimento concreto, é preciso dominar as estruturas do texto expositivo. Quanto às atitudes, deve haver interesse em compreender o que se lê.

- *Conhecimentos prévios*

Os conhecimentos prévios mais importantes são os procedimentos (neste caso, estratégias de compreensão) que foram trabalhados desde a pré-escola na língua oral: inferência de significados, antecipação continuação do texto, identificação dos elementos que não são coerentes com a significação global, etc.

- *Atividades de ensino/aprendizagem*

Propomos o trabalho de um texto que tenha como conteúdo um tema previamente trabalhado em aula, sem a apresentação de textos propriamente escolares.

1. Antes da leitura do texto
   - Conversa com os alunos, identificando o que foi trabalhado em aula sobre o tema ou outros conhecimentos que possam ter. Para finalizar a conversa, pode-se construir um mapa conceitual ou esquema das idéias que os alunos vão explicitando (ao terminar a atividade, podemos retomá-lo e comparar o que fazíamos no início e o que modificaríamos depois da leitura). Nessa conversa, deverão ser identificados os aspectos que vão aparecer no texto por nós preparados para a leitura.
   - Esclarecimento do significado das palavras que aparecerão no texto e que convêm que os alunos reconheçam para compreendê-lo.
2. Durante a leitura
   - Conversa com os alunos sobre os aspectos gerais do texto: Como devem ser assinalados o título ou os capítulos do texto? O que indicam? Podem ter relação com as idéias que o texto expõe? Etc.
   - Reflexão sobre os aspectos gráficos: Existem gráficos? Com que parte do texto estão relacionados? Existem letras de forma diferente? O que significarão? Explica-se alguma experiência ou exemplo concreto? Indica-se com o tipo de letra ou com as imagens que o acompanham? Etc.
   - Quais são as partes do texto? Estão assinaladas de algum modo? Aqui será importante que os alunos se dêem conta da estrutura do texto expositivo. Pode ser que, a princípio, exista a definição e depois apareçam exemplos e idéias que completem o anunciado (estrutura dedutiva) ou, ao contrário, que depois de dar exemplos resuma-se a explicação no final (estrutura indutiva). Também é possível que se dêem conta da estrutura e idéias do texto ao responder às perguntas: quem?, o quê?, como?, quando?, onde? e por quê? Insistir nas comparações, problemas, enumerações, etc., do texto.
   - Existe algum tipo de sinalização que ajude a ver qual é a palavra-chave ou a idéia principal? Os diferentes tipos de letras ajudam a identificar a idéia principal? Etc.
3. Depois da leitura
   - Identificação das idéias principais relacionando-as com outras e explicitando aos alunos que, identificando as idéias principais, ao

relermos aquele fragmento, continuaremos entendendo o mesmo que entendíamos antes de eliminar o resto do texto.
- Avaliar a importância e o papel do resto do texto em relação ao fragmento no qual aparece a idéia principal.
- Sublinhar cada uma das orações ou palavras que indicam as idéias principais. O sublinhado não deve ser muito nem pouco, é muito pessoal e depende da função que tenha. Na margem do texto, pode-se escrever, como um título, o resumo das idéias para saber do que trata o fragmento sublinhado.
4. Depois de ter sido realizado diversas vezes esse exercício coletivamente, sempre destacando o processo que vamos seguindo, fazer com que, individualmente, sublinhem um texto previamente trabalhado em aula. Ao terminar, será feita a correção coletiva, seguindo os passos do processo para que os alunos comecem a automatizá-lo.
5. O processo será aplicado a textos de outras áreas, seguindo o mesmo processo e explicitando-o na correção.

INDUÇÃO/APLICAÇÃO DE REGRAS ORTOGRÁFICAS

Este procedimento é necessário dominar para poder automatizar um dos aspectos mais regulares da ortografia. De qualquer forma, é preciso dizer que nem toda aprendizagem da ortografia pode reduzir-se a isso, nem é o mais importante, ao menos nessa faixa etária.

Tal procedimento consiste na identificação de algumas regularidades ortográficas – fonéticas, sílaba tônica e gráficas, presença ou ausência de acento gráfico – e, através da indução das regras que as regem, propor um algoritmo que ajude na sua aplicação e progressiva automatização.

Neste item, propomos enfrentar apenas a acentuação de palavras polissilábicas, deixando de lado a acentuação diacrítica e a problemática do acento em palavras com ditongos ou hiatos.

Importância de sua aprendizagem

Deve-se relativizar a importância deste procedimento. Atualmente, em determinadas práticas escolares, está-se dando muito mais importância aos conhecimentos conceituais, que são a base dos procedimentos, do que ao exercício. Também deve-se situar a importância da ortografia, um dos componentes da expressão escrita, mas não o único – há quem só corrija esse aspecto nas redações, como se fosse sinônimo de escrever bem –, nem o mais importante. Pelo contrário, é preciso reconhecer que tal aspecto tem uma valorização social que não se pode esquecer.

Quanto ao procedimento específico de que se trata aqui, é preciso relacionar sua importância com o fato do processo da automatização necessária para que, no processo de escrita, quem escreve possa se fixar nos seus aspectos básicos.

Grau e tipo de aprendizagem a alcançar no ensino fundamental

Ao terminar o EF, devem-se conhecer as regras mais gerais da acentuação e os acentos diacríticos das palavras mais usuais, bem como saber utilizar esse conhecimento na escrita dos diferentes textos produzidos na escola.

Linhas gerais da seqüência de aprendizagem ao longo do ensino

Nos primeiros passos da aprendizagem da leitura e da escrita, será preciso incidir no reconhecimento das palavras e das unidades silábicas dentro de cada uma – a separação silábica e a identificação da sílaba tônica devem ser feitas palavra por palavra, nunca por unidades frásicas, já que estas têm outra significado na oração, e as regras de acentuação só fazem referência às palavras.

- Devem ser feitos exercícios de percepção auditiva da separação das sílabas com bastante freqüência, assim como acentuar as diferenças perceptivas da sílaba tônica – habituar os alunos a pronunciá-las mais forte e mais longas, fazendo com que memorizem o maior número de palavras possível seguindo esse sistema.
- Exercícios de memória da acentuação das palavras de uso mais freqüente.
- Indução e aplicação das regras de acentuação mais gerais (a seqüência das regras aparece no algoritmo que vemos apresentado no Esquema 1; deixa-se para mais adiante o problema do contato de vogais).
- A acentuação das palavras compostas e a acentuação diacrítica.

Uma seqüência de ensino/aprendizagem

- *Nível apropriado*
Propomos essa unidade para o final da 5ª série.

- *Objetivos referenciais*
    - Reconhecer a sílaba tônica de uma palavra conhecida.
    - Saber aplicar as regras ortográficas em palavras de uso freqüente ou em qualquer palavra na qual previamente se tenha marcado a sílaba tônica.

- *Conteúdos conceituais e atitudinais associados*

Já enumeramos, nos pontos anteriores, os principais conteúdos conceituais: palavra, sílaba tônica e regras que respondem à posição da sílaba tônica e as letras com que a palavra termina.

Nos conteúdos atitudinais, além do interesse pela comunicação, devemos considerar o interesse por conhecer como a língua escrita está organizada.

- *Conhecimentos prévios*
  - Saber acentuar espontaneamente as palavras de utilização mais freqüente.
  - Saber identificar, pela memorização dos traços mais relevantes, a sílaba tônica das palavras que utiliza normalmente em seus escritos.

- *Atividades de ensino/aprendizagem*
Levando em conta o processo que aparece no Esquema 1, as atividades serão:

1. Processo de recopilação da identificação das sílabas das palavras (pode-se utilizar essa atividade para completar a aprendizagem desse aspecto, acrescentando as normas de separação no fim de palavra). Classificação das palavras segundo o número de sílabas.
2. Identificação da sílaba tônica e exercícios nos quais apareçam palavras que mudem de significado segundo a posição da sílaba tônica.
3. Identificação da sílaba tônica e classificação das palavras segundo a posição da tônica: oxítonas, paroxítonas e proparoxítonas.
4. Caracterização dos monossílabos.
5. Introdução e aplicação da regra de acentuação gráfica das proparoxítonas.
   - Propor um texto no qual apareçam um número suficiente de palavras proparoxítonas. Devem ser identificadas.
   - Devem verbalizar a relação que se dá entre as palavras sublinhadas e o signo gráfico do acento.
6. Indução e aplicação da regra de acentuação gráfica das oxítonas e paroxítonas.
   - Em um texto no qual apareçam palavras oxítonas e paroxítonas com acento gráfico, identificar e classificar em dois grupos (colunas) as palavras oxítonas e as paroxítonas.
   - Tendo-se dado a chave de que as regras de acentuação dessas palavras levam em conta a parte final das mesmas, pedir que, por comparação, formulem possíveis regras.
   - À medida que as forem formulando, se não são precisas, fazer com que as apliquem a palavras dos dois conjuntos e que suporiam uma infração da regra. Se a regra funciona porque nesses conjuntos faltam elementos (por exemplo, dizem que se acentuam as que terminam na vogal a), a professora ou o professor proporá uma palavra que escreverá corretamente no quadro-negro e que favorecerá o processo de revisão das regras formuladas, tal como aparece no diagrama de fluxo do Esquema 1.
   - A professora ou o professor ditará em voz alta um conjunto de palavras oxítonas ou paroxítonas, e os alunos, aplicando as regras induzidas, as escreverão e corrigirão adequadamente.
7. Será proposto na aula o processo global que é preciso seguir nessas regras de acentuação – pode ser o Esquema 1 – e se realizarão exercícios com o 6.4

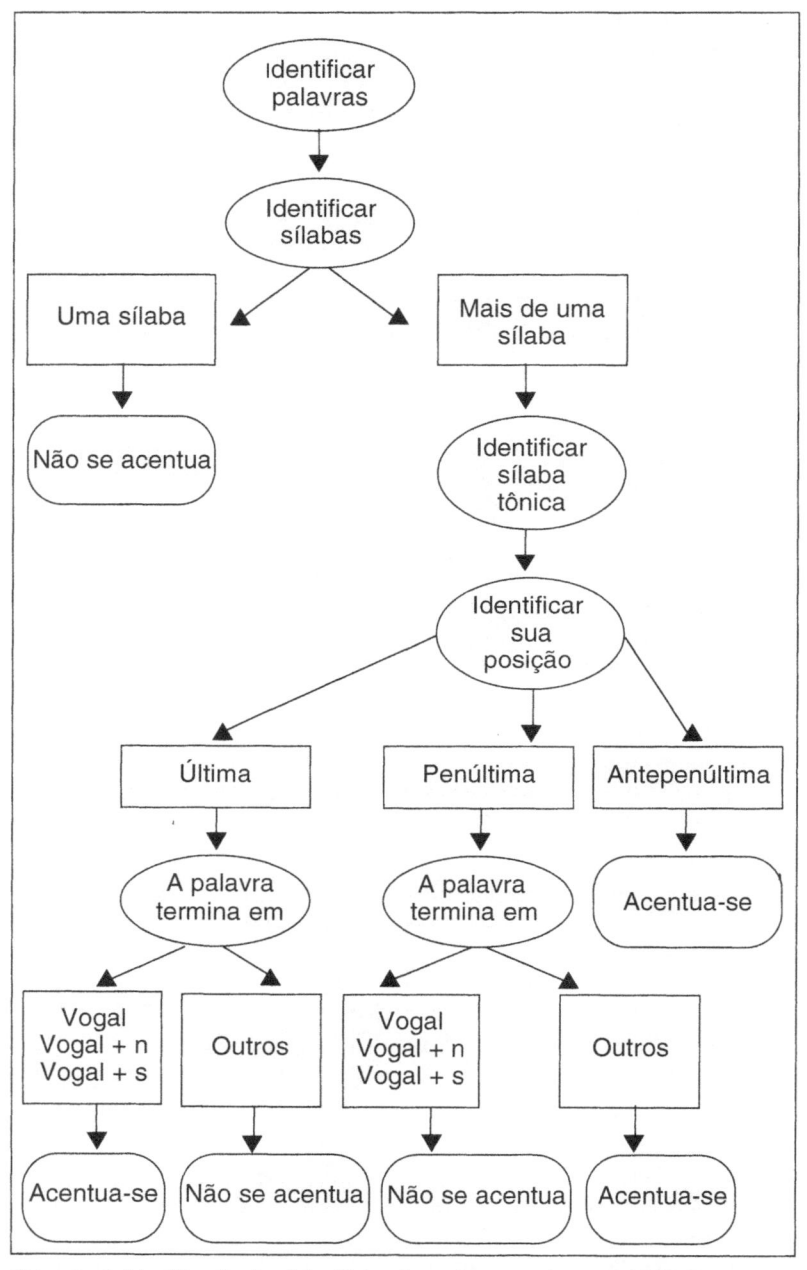

```
                    ┌─────────────┐
                    │ Identificar │
                    │  palavras   │
                    └──────┬──────┘
                           ▼
                    ┌─────────────┐
                    │ Identificar │
                    │   sílabas   │
                    └──────┬──────┘
            ┌──────────────┴──────────────┐
            ▼                             ▼
    ┌───────────────┐           ┌──────────────────┐
    │  Uma sílaba   │           │ Mais de uma      │
    │               │           │     sílaba       │
    └───────┬───────┘           └────────┬─────────┘
            ▼                            ▼
    ┌───────────────┐           ┌──────────────────┐
    │ Não se acentua│           │   Identificar    │
    │               │           │     sílaba       │
    │               │           │     tônica       │
    └───────────────┘           └────────┬─────────┘
                                         ▼
                                ┌──────────────────┐
                                │   Identificar    │
                                │      sua         │
                                │    posição       │
                                └────────┬─────────┘
```

Esquema 1. Identificação da sílaba tônica das palavras pertencentes à língua espanhola.

Fluxo: Identificar palavras → Identificar sílabas → (Uma sílaba: Não se acentua) ou (Mais de uma sílaba → Identificar sílaba tônica → Identificar sua posição) → Última / Penúltima / Antepenúltima.

- **Última** → A palavra termina em:
  - Vogal, Vogal + n, Vogal + s → Acentua-se
  - Outros → Não se acentua
- **Penúltima** → A palavra termina em:
  - Vogal, Vogal + n, Vogal + s → Não se acentua
  - Outros → Acentua-se
- **Antepenúltima** → Acentua-se

para interiorizar o esquema. Primeiro, será feita em atividades coletivas e de pequenos grupos, depois se farão atividades individuais corrigindo o resultado coletivamente, seguindo o processo representado no Esquema 1.

ESCRITA DE UM TEXTO (A REDAÇÃO)

Esse é um dos procedimentos-chave para a aprendizagem. Às vezes é considerado uma das habilidades básicas para o estudo, já que é a representação dos conceitos usando as letras e os sinais gráficos. Basicamente, supõe que quem escreve tem certas idéias e, com os esquemas de tipo de texto de que dispõe, deve encontrar o modo correto de expressá-las, para que o leitor entenda o que é dito. A escrita é, assim, um processo de busca da forma mais adequada para comunicar algo, que exige planejamento – precisar ou modificar as idéias e organizá-las segundo um plano e uma finalidade –, ir colocando essas idéias no texto escrito, revisando-o continuamente, a fim de ser conseqüente com o objetivo da tarefa.

Não se pode pensar que tal processo tem certos passos que, seguidos, produzem o resultado desejado. Há uma interação entre os passos e a avaliação do processo por parte de quem escreve, interação que irá mostrando que caminho deve-se seguir para se expressar.

Importância de sua aprendizagem

A importância de sua aprendizagem é a mesma que se dá à língua escrita dentro das atividades escolares. Acontece que, com freqüência, o que se faz na escola é avaliar os resultados da língua escrita, mas não um correto ensino da mesma. Ensinar a escrever é uma das tarefas centrais da escola, e deve-se realizar em cada uma das áreas e tipos de texto trabalhados. Não se sabe escrever como uma habilidade geral, sabe-se escrever textos e cada novo tipo de texto exige alguns novos conhecimentos que devem ser ensinados.

Outro problema está no fato de que esta aprendizagem muitas vezes é feita de um modo formal, sem situar a escrita em sua verdadeira função: ferramenta para a comunicação e instrumento de formulação e concretização do próprio pensamento. Situar a escrita em seu contexto significa abrir a aula para a realidade contextual onde a escola está inserida.

Grau e tipo de aprendizagem a alcançar no ensino fundamental

Ao terminar o EF, o aluno deve saber escrever, com um mínimo de fluência, os textos utilizados nas atividades escolares. Concretamente, um dos tipos menos exercitados e que mais se exige é a resposta aos exames escritos, e enquanto outro deles é a redação, que freqüentemente é utilizada como instrumento de avaliação e poucas vezes como ferramenta de ensino e aprendizagem.

É preciso dominar os diferentes subprocessos que formam o processo da escrita e, sobretudo, o planejamento – quanto à criação de idéias e estrutura do texto – e a revisão dos textos escritos, tendo como critério a funcionalidade do texto e a quem dirigi-lo.

Linhas gerais da seqüência de aprendizagem ao longo do ensino

Como no caso de muitos outros conteúdos procedimentais, este se inicia com o processo de ensino e aprendizagem da leitura e da escrita.

1. O processo começará com a escrita como meio de comunicação e com os elementos que devem ser levados em conta para que esta seja eficaz – sobretudo para quem se dirige o texto. Por esse motivo, buscar-se-á que os alunos redijam textos que possam ser lidos não apenas pela professora e pelo professor, mas também por outras pessoas.
2. Desde o princípio do processo, será dada atenção aos tipos de texto redigidos em aula, procurando que sejam variados e que os alunos levem em conta os elementos que os caracterizam.
3. Desde o princípio, o professor ou a professora, de vez em quando, escreverá no quadro-negro, diante dos alunos e com sua colaboração, textos como os que eles escrevem, verbalizando o processo de revisão que é preciso fazer e como a estrutura guia, de algum modo, os passos. Primeiro, deve-se esclarecer o que se pretende escrever, com que finalidade e a quem será dirigido o texto. Depois, será exposta a estrutura, as partes do texto. À medida que se vai escrevendo, irão se explicitando as dúvidas que surjam sobre a escrita e sobre as possíveis correções do que já foi escrito. Finalmente, será feita a leitura do texto em voz alta e a avaliação global final.
4. A partir da 3ª ou 4ª série, será introduzida a atividade que conhecemos por redação. Esse tipo de texto escolar admite diversidade de temas e estruturas, apesar de que sempre é feita em prosa e se relaciona normalmente com a função referencial, embora possa se referir a uma realidade completamente inventada.
5. A partir da 3ª série, o processo, que até agora era simplesmente oral, passará a ser textual, para fixar algumas referências de reflexão que sirvam de guia no momento de revisar o texto.
6. Paralelamente a esse processo, será positivo estabelecer um tempo do horário escolar para ler textos que os alunos escrevam por conta e que ofereçam modelos de outras formas de escrever.
7. As referências de reflexão irão sendo complementadas com elementos de textos escritos por outros alunos ou autores reconhecidos, e será a base sobre a qual será construído o processo de seqüenciamento do ensino e aprendizagem da escrita.

A ampliação do processo de escrita será produzido ampliando-se os tipos de texto, as áreas curriculares implicadas no processo e os conteúdos do escrito. Evidentemente, isto supera o âmbito do que chamamos redação.

Uma seqüência de ensino/aprendizagem

- *Nível apropriado*
Situaríamos esta seqüência na 3ª e 4ª séries.

- *Objetivos referenciais*
    - Saber redigir um texto descritivo ou narrativo sobre um determinado tema, conscientes do processo que se deve seguir.
    - Ler textos alheios e saber extrair as coordenadas para sua redação.
    - Revisar o texto com ajuda das referências de reflexão que foram redigidas em grupo na aula.

- *Conteúdos conceituais e atitudinais associados*
    – Conceituais
        - Estrutura do texto e funções que pode ter (em geral, conhecimento dos elementos resumidos nas referências de reflexão).
    – Atitudinais
        - Interesse por comunicar aos demais o que se deseja e fazer-se entender.

- *Conhecimentos prévios*
Fundamentalmente, saber escrever textos adequados para a idade a partir de propostas coletivas ou do desejo pessoal de se comunicar com os demais.

- *Atividades de ensino/aprendizagem*
    1. A professora ou professor dirá à classe que tipo de texto deve ser redigido e que função terá. Nesse caso, pode ser dado um tema geral. Uma manhã de um dia de festa, por exemplo. O tema deverá ser escolhido a partir de um texto clássico ou não, que utilizaremos como referencial de modelo.
    2. Conversa com os alunos a fim de gerar idéias que possam servir para a escrita do texto. Interessa mais a dispersão de idéias do que as colocações coerentes de temática única.
    3. Os alunos disporão de um tempo para fazer um primeiro rascunho que servirá – e eles sabem disso – de ponto de partida.
    4. Coletivamente, serão lidos alguns textos com a intenção de encontrar o que é preciso levar em conta para redigir o tema, por exemplo aspectos da apresentação (boa letra e margens), aspectos da estrutura do texto (título adequado, introdução, apresentação do tema, desenvolvimento e conclusão), aspectos do vocabulário, morfologia e sintaxe (repetições, erros de concordância, palavras sem sentido ou mal-empregadas, falta de coerência), correção ortográfica.
    5. Recopilação das observações realizadas na atividade anterior e redação destas com a estrutura de frases que possam responder ccm sim ou não. Na redação das frases, deve-se dar especial atenção à formulação mais

espontânea dos alunos, procurando que seja sintética. Quanto à quantidade de elementos que serão observados, não devem ser muitos, se queremos, que sejam atendidos na redação.
6. Revisar e completar as referências com a leitura do texto escolhido previamente.
7. Os alunos, com as referências, farão de novo o texto que haviam redigido na atividade 3 e o escreverão definitivamente, para ser corrigido.

7

Matemática

Pep Pérez Ballonga

OS CONTEÚDOS PROCEDIMENTAIS NA ÁREA DE MATEMÁTICA

Os conteúdos procedimentais na área de Matemática, além de favorecerem processos de crescimento pessoal, objetivam dotar os alunos de habilidades que os ajudarão a ser práticos e competentes para interpretar e agir sobre aspectos matemáticos do ambiente, conseguindo que os conhecimentos informais de cada criança se traduzam em ações funcionais e organizadas. Nesta área, apesar de admitir distintos graus de aplicação (podemos resolver uma operação ou um problema com materiais, com lápis e papel, com calculadora, mentalmente, em colaboração, etc.), é necessário ensinar esses procedimentos, já que são "os que capacitam mais para realizar auto-aprendizagens" (Currículo da Educação Primária do Departament d'Ensenyament. Área de Matemática). Os procedimentos podem ser, além disso, de grande utilidade para estruturar e definir as grandes linhas de programação-avaliação e adequação curriculares, já que podemos empregá-los como eixo ao redor do qual serão organizados os demais conteúdos e realizadas as atividades que permitirão alcançar os objetivos básicos de Matemática.

OS CONTEÚDOS PROCEDIMENTAIS EM RELAÇÃO AOS OUTROS TIPOS DE CONTEÚDOS

Em Matemática – como nas demais áreas – é imprescindível que se produza uma aprendizagem conjunta e globalizada dos procedimentos com os demais conteúdos. Utilizamo-los, especialmente, para promover aprendizagens significativas ao aplicá-los e relacioná-los com fatos e conceitos. As atitudes estão implicitamente relacionadas, como em toda aprendizagem, mas não apenas as atitudes mais gerais, como a ordem, a atenção, o prazer nas apresentações, etc., mas também aquelas mais específicas e necessárias para as aprendizagens matemáticas (tenacidade para encontrar respostas, disposição para dar informação, precisão ao utilizar ferramentas e materiais, decisão e denodo para fazer estimativas e trabalhar com aproximações, etc.). Por exemplo, introduzir procedimentos de cálculo sem partir dos conhecimentos prévios do aluno, de suas necessidades, atitudes e motivações – o modo de contar o que aprendeu fora da escola, a utilidade que lhe atribui, a conceituação que tem dele, o lugar onde situa o procedimento em sua rede de conhecimentos, o valor que lhe dá, a atitude com que o toma, etc. – pode levar a situações de incompreensão e a aprendizagens deficientes, difíceis de corrigir mais tarde. Os alunos devem introduzir e comprovar a utilidade dos procedimentos se a intenção dos professores é desenvolver e fomentar atitudes, valores e normas que favoreçam aprendizagens significativas: não deveríamos desligar – exceto em situações excepcionais – um procedimento do conceito e objetivo que queremos conhecer e alcançar. Fazer uma operação sem levar em conta o problema que nos ajuda a resolver não deixa de ser uma atividade mecânica que uma máquina pode fazer melhor, mais rapidamente e, muitas vezes, com mais precisão. Utilizar a régua e o compasso sem analisar como são os lados do retângulo desenhado não faz com que os alunos estabeleçam melhores relações conceituais, etc. No entanto, é muito importante que os alunos conscientizem-se da prática necessária para conseguir um bom nível de automatização, da diversidade de procedimentos para abordar um mesmo conteúdo ou das variações de um procedimento em função do conteúdo. Observar, manipular, demonstrar, comprovar, etc., são as bases das aprendizagens matemáticas. Conseguir que os alunos trabalhem em situações experimentais e com diversos conteúdos os ajudará a progredir na organização, compreensão e generalização dos conhecimentos, e organizará a classe em função de temas de interesse imediato, promovendo uma autêntica atitude matemática. Ajudar os colegas, colaborar e pedir colaboração, participar em grupos de trabalho, compartilhar as descobertas, participar dos jogos matemáticos, estar disposto a comprovar e trocar informação, também são atitudes importantes que se referem diretamente a como se cria e se compartilha o conhecimento, ao mesmo tempo em que ajudam a compreender a importância dos acordos universais e da validade das linguagens matemáticas.

OS CONTEÚDOS PROCEDIMENTAIS MAIS SIGNIFICATIVOS

Ainda que reconheçamos que a maioria dos procedimentos matemáticos ajuda a potencializar a atividade mental, devemos distinguir, por motivos puramente didáticos, dois grandes blocos de procedimentos. O primeiro, que convém estimular em razão de seu papel como gerador de estratégias de aprendizagem, está diretamente relacionado com a estruturação do pensamento. O segundo é formado por procedimentos relacionados aos blocos de conteúdos específicos da área. Os procedimentos do primeiro grupo podem ajudar a estabelecer relações conceituais cada vez mais complexas e a desenvolver capacidades gerais, quer dizer, são procedimentos relacionados com a descoberta e a investigação, com o raciocínio e a metacognição, com a compreensão e a resolução de situações, com a observação e a manipulação da realidade, com o desenvolvimento da criatividade e do pensamento intuitivo, etc.

Os do segundo grupo podem ser interpretados como ferramentas que favorecem a resolução de situações diretamente relacionadas com grupos específicos de conteúdos. Falamos, neste caso, por exemplo, da compreensão e da resolução de operações (com precisão ou fazendo estimativas dos resultados; mentalmente, com calculadora ou com lápis e papel), da construção de gráficos e figuras (com lápis e papel, com ferramentas, etc.), do tratamento de informação quantitativa; da medição (a olho, com unidades arbitrárias, com instrumentos, etc.). Em geral, na área de Matemática, os procedimentos – que se estruturam progressivamente para atuar do concreto ao abstrato – serão tanto mais significativos quantas mais soluções proporcionarem a problemas e situações *que os alunos possam propor.*

TIPOS DE CONTEÚDOS PROCEDIMENTAIS DA ÁREA: GERAIS E ESPECÍFICOS

Na área de Matemática, falaremos de procedimentos gerais quando podem ser aplicados a diferentes blocos ou a outras áreas do currículo. Trata-se de procedimentos que nos são úteis e nos servem para alcançar múltiplos objetivos, permitindo-nos resolver, com pequenas variações, situações muito diversas. Esses conteúdos procedimentais pedem, para ser generalizados, aprendizagens específicas e prática suficiente em cada uma das situações nos quais são aplicados. Falaremos também de conteúdos procedimentais mais específicos quando se refiram a aspectos mais concretos dos blocos da área. É relativamente simples, por exemplo, ver a diferença entre procedimentos como "aplicação de um processo sistemático para a resolução de problemas" e "decompor números de uma cifra". O primeiro é um procedimento geral e transferível a diferentes áreas e múltiplas situações; o segundo, muito mais específico, podemos aplicar apenas em situações muito concretas e com freqüência relacionadas com conteúdos e objetivos precisos de algum dos blocos de Matemática.

Um projeto curricular deverá levar em conta tais diferenças, estabelecendo suficientes situações de ensino/aprendizagem, de modo que procedimentos gerais aprendidos no "espaço de Matemática" possam de ser aplicados e transferidos, em um contexto globalizador, às demais áreas, ou a situações pessoais extra-escolares.

Esses conteúdos procedimentais são os que mais estimulam os mecanismos de auto-aprendizagem e, em conseqüência, devem ter um espaço próprio e um papel bem definido nas programações. Também é conveniente não se esquecer que há procedimentos gerais ou estratégias de aprendizagem que são apresentados aos alunos como se já conhecessem seu conteúdo e a forma de aplicá-los. "Calcule, estude, resolva, observe, pense, escute, etc." são, freqüentemente, interpretados como ações estranhas das quais cada um faz sua interpretação pessoal ou não. Os professores e os alunos experientes deveriam poder mostrar como, quando e por que se utilizam desses tipos de procedimentos, tentando compartilhá-lhos com os demais.

A escolha dos procedimentos de Matemática obedece à intenção de apresentar procedimentos de tipo mais geral, que possam ser aplicados a conteúdos de diferentes blocos desta área ou de outras e que, ao mesmo tempo, favoreçam a necessária ligação entre os conhecimentos informais dos alunos e a Matemática mais estruturada que se desenvolve na escola. Do parâmetro *algorítmico/heurístico* escolhemos dois procedimentos clássicos no ensino da Matemática, *o algoritmo da soma* – como procedimento representativo do pólo algorítmico – e *a elaboração de um plano para resolver problemas* relacionados com operações, procedimento de tipo mais heurístico e situado, portanto, no outro lado do parâmetro. Do *parâmetro motor/cognitivo* apresentamos dois procedimentos que se encontram também em extremos bastante distantes: o *reconhecimento de atributos dos elementos de uma coleção*, próximo ao pólo cognitivo, e a *construção de gráficos*, como procedimento de tipo mais motor, apesar de também exigir habilidades cognitivas. Finalmente, e dentro do parâmetro *uma ação/múltiplas ações*, consideramos oportuno escolher, devido à sua importância na área de Matemática, a *estimativa*, que pode se tornar uma ação automática com a prática, e a *leitura de conteúdos matemáticos* como procedimento que envolve múltiplas ações.

ELABORAÇÃO DE UM PLANO PARA RESOLVER UM PROBLEMA RELACIONADO COM OPERAÇÕES

Elaborar um plano para a resolução de problemas é um procedimento de tipo heurístico, composto de múltiplas ações ou subprocedimentos[1]. Embora comporte aspectos motores os quais são necessário dominar – manipulação, desenho, esquematização, planejamento do processo, etc. –, enfocaremos sua aprendizagem mais como procedimento cognitivo. Para aprender a planejar, os alunos devem saber explicar por que *tomaram algumas decisões* e por que *seguiram uma ordem* determinada. Verbalizar o processo, analisar e contextualizar a informação, reconhecer a ação, os dados e as perguntas, etc., ajuda os alunos a desenvolverem a compreensão sobre como estão trabalhando e permite ao professor ou aos colegas atuar durante o processo, favorecendo tanto a compreensão por parte dos alunos como a avaliação e a recondução do procedimento. O planejamento não é exclusivo da área de Matemática e pode ser aplicado, com ligeiras modificações, a outras áreas do currículo, ou seja, trata-se de um procedimento geral que pode ser aplicado a diferentes tipos de conhecimentos.

Importância de sua aprendizagem

É preciso considerar a importância de planejar, levando em conta, principalmente, dois aspectos. Um, de tipo mais geral, auxiliará os alunos a se situarem diante de situações de todo tipo para conhecer e atuar sobre o meio – objetivo básico da Matemática – com maior segurança e habilidade, permitindo que tomem decisões efetivas e que apliquem aprendizagens realizadas. O outro, de tipo mais técnico, permitir-lhes-á refletirem sobre os processos, avaliando-os passo a passo. Planejar é, pois, uma ferramenta imprescindível para incentivar a auto-aprendizagem, permitir o intercâmbio de formas de fazer – utilização, criação e revisão de ferramentas e processos – e facilitar a intervenção educativa e instrutiva dos professores.

Grau e tipo de aprendizagem a alcançar no ensino fundamental

Sem se esquecer de que a utilização de tal procedimento pode melhorar constantemente a habilidade, em função da aquisição de novos conteúdos, experiências e intercâmbios, ao final dessa etapa o aluno ou aluna deve ser capaz de planejar, no mínimo, a resolução de problemas aritméticos de mais de uma operação, utilizando o planejamento para auxiliar a compreensão e a proposição de possíveis estratégias de resolução. Isso significa que deverá dominar – por meio de aprendizagens diferenciadas – os distintos subprocedimentos que estão relacionados.

O aluno ou a aluna também deve ser capaz de utilizar esse procedimento para resolver problemas não-relacionados diretamente com a numeração e com o cálculo. Distinguir o tipo de planejamento necessário para resolver problemas relacionados com números e operações, com magnitudes e medidas, com figuras e relações geométricas, ou com a organização da informação é um objetivo básico no ensino fundamental. Planejar e revisar os processos é um procedimento que pode ser aplicado oralmente a partir da 1ª e 2ª séries, que pode ser utilizado sistematicamente a partir da 3ª e 4ª e que os alunos da 5ª em diante deveriam manejar com certa habilidade.

Linhas gerais da seqüência de aprendizagem ao longo do ensino

1. O domínio do planejamento está diretamente relacionado com o conhecimento que os alunos têm de suas ações – metacognição.
2. A verbalização, a colaboração e o intercâmbio entre grupos, colegas e professores são básicos para promover a segurança pessoal e para comparar e desenvolver formas de fazer cada vez mais eficazes.
3. É útil que o professor ou a professora mostre como se faz, pelo menos nas primeiras sessões.
4. Convém que os alunos tenham presente diferentes modelos de planejamento para a resolução de problemas.

5. Deve-se propor aos alunos que trabalhem com modelos mais ou menos estandardizados, permitindo-lhes que proponham variações, inventem ou inclusive que proponham e utilizem outros sistemas, caminhos e estratégias.
6. Utilizar diferentes estratégias de representação dos problemas (ilustração do problema, representação com material, descoberta de relações entre partes e total, evocação de situações semelhantes, representação da história, utilização de problemas mais simples, etc.) permite comparar e decidir quais são as ações mais convenientes, ao mesmo tempo em que fomenta e fortalece o domínio de estratégias heurísticas.
7. Interpretar situações matemáticas e relacioná-las com as atividades cotidianas, colaborar, ensinar a interpretar enunciados e a planejar são objetivos específicos da área que favorecem o desenvolvimento de aspectos intuitivos relacionados com a tomada de decisões e o planejamento.
8. É imprescindível que os alunos tenham conhecimentos matemáticos suficientes sobre a situação que buscam resolver.
9. Deve-se diferenciar explicitamente os procedimentos de planejamento e os de execução: um problema pode ter sido bem analisado e as decisões tomadas podem ser interessantes. Um erro de cálculo, por exemplo, não deveria invalidar os aspectos de planejamento.
10. Fortalece-se o conhecimento explícito dos alunos comentando e analisando o planejamento, mostrando os passos seguidos em diferentes modelos, valorizando a criação e a aplicação de estratégias pessoais, redirecionando os possíveis erros, provando como um mesmo modelo pode resolver situações diferentes, comparando resultados, dificuldades e tempo empregados, etc.
11. A invenção de problemas para serem resolvidos pelos outros é uma atividade que ajuda a repensar os enunciados, as palavras-chave, a estrutura compreensiva do problema, os possíveis caminhos a seguir, as operações ou procedimentos que deverão empregados, etc.
12. Comprovar, em ordem inversa, os passos seguidos ou a variação da ordem de um planejamento ajuda a imaginar e a propor outros caminhos e formas de resolução. Responder perguntas dirigidas diretamente ao processo, fomentar o conhecimento sobre aquilo que já se sabe, que se pode planejar e resolver, adequar as atividades aos níveis evolutivos dos alunos são aspectos que devem ser considerados caso se queira garantir um mínimo de êxito e satisfação.

Uma seqüência de ensino/aprendizagem

A unidade apresentada trata da elaboração de um plano para resolver problemas relacionados com a soma.

- *Nível apropriado*
Esta unidade é indicada para a 1ª série do ensino fundamental.

- *Objetivos referenciais*
    - Ser capaz de prever se, em uma situação de mudança, haverá, ao final, mais ou menos elementos que no princípio, relacionando tal previsão com a operação que deve ser aplicada.
    - Conhecer o nível intuitivo dos passos seguidos na resolução de um problema.
    - Verbalizar o processo – ordem e decisões – utilizado na resolução, tentando raciocinar sobre o porquê.

- *Conteúdos conceituais e atitudinais associados*
Os conteúdos conceituais associados referem-se a aspectos gerais da percepção do meio e da noção experimental de mudança relacionados com a ordem temporal (antes, agora, depois, início, ação, final, etc.). É importante estabelecer relações desse tipo utilizando o brinquedo, o estudo de situações familiares, as vivências com os colegas, etc. É necessário, já nessa série, desenvolver uma primeira noção experimental de planejamento e de problema. Terá que se trabalhar com conceitos e ações relacionados com a soma (e a subtração) como são: acrescentar, tirar, agrupar, separar, chegar, andar, vir, ir, etc.
Quanto aos conteúdos atitudinais, podemos destacar a sensibilidade e o interesse por descobrir e interpretar informação relevante e, em geral, aqueles que se referem à tenacidade necessária para chegar a soluções adequadas ou a soluções que promovem e fortalecem a ordem pessoal.

- *Conhecimentos prévios*
    - Informação suficiente para poder compreender o enunciado do problema ou situação proposta. Compreender o significado das ações apresentadas.
    - Identificação experimental de situações de mudança para poder decidir se na situação final há mais ou menos (manipulando, desenhando, representando, etc.), assim como de orientação espacial e temporal.
    - Contar, comparar, agrupar e separar quantidades de até cinco elementos.

- *Atividades de ensino/aprendizagem*
Convém trabalhar durante toda a escolaridade esse tipo de atividades, que se referem às reflexões que os alunos devem poder fazer frente a problemas e situações.

    1. Representação de situações de mudança mostradas pelo professor ou professora ou pelos alunos. Comentário com a turma sobre o significado e o resultado da mudança[2].

2. Aprofundamento e apresentação de outros exemplos, chamando a atenção dos alunos para os aspectos de planejamento[3].
3. Manipulação de materiais para reproduzir as situações, desenho das ações apresentadas (começo, ação, final), representação em um esquema de partes e de todo, etc.
4. Observação dos diferentes procedimentos utilizados para encontrar a resposta, valorizando positivamente o fato de que sejam diferentes[4].
5. Explicação ordenada do que pensaram primeiro, o que decidiram fazer a seguir, como sabem que o problema está resolvido, etc.
6. Comparação das diferentes formas de fazer (quais são as mais rápidas, com quais é mais fácil se enganar, etc.). Não esqueçamos de que conhecer os resultados de memória ou utilizar estratégias próprias – sempre que sejam corretas – é tão valioso como utilizar a estratégia proposta pela maioria, pelo professor ou pelo livro didático.
7. Utilização de uma planilha para representar as mudanças. Invenção de situações e problemas, esquematizando a situação inicial, a mudança e a situação final.
8. Resolução cooperativa (em duplas ou pequenos grupos) dos problemas inventados pelos outros (comprovemos que os números que os alunos escreveram/desenharam/explicaram nos problemas inventados sejam razoáveis). Verbalização das decisões e dos passos seguidos. Discussão sobre diferentes tipos de resolução e justificativa da escolha da operação.
9. Proposição (por parte dos professores ou dos alunos) de formas para descobrir a correção das respostas (repetição dos passos em ordem, uso de diferentes utensílios, com lápis e papel, calculadora, etc.), comparação com os colegas, projeto da ação, representação, etc.
10. Aplicação e ampliação dos diferentes procedimentos conhecidos, criando problemas novos, de situações de dentro e de fora da escola, para confeccionar um livro de problemas da aula. É importante deixar que os alunos interessados resolvam esses problemas utilizando os materiais ou métodos que mais lhes interessem.
11. Generalização do procedimento, analisando e utilizando procedimentos, situações, materiais e exemplos tão variados quanto seja possível.
12. Planejamento de oportunidades e prática suficiente para todos os alunos para que possam assimilar individualmente o maior grau de aprendizagem de que sejam capazes.

ALGORITMO DA SOMA

Trata-se de um procedimento algorítmico, de um número relativo de ações que permite encontrar o resultado de uma soma com grande precisão caso os passos de resolução sejam aplicados em uma *ordem* determinada e tomando algumas *decisões* funcionais simples, uma vez reconhecidos e interpretados os signos e o sentido da soma. O procedimento consiste em alinhar dois números ou mais, levando em conta as unidades de posição, colocando-os um abaixo do outro; somar os dígitos que estão na mesma coluna, da direita para a esquerda; anotar o resultado da soma dos dígitos de cada coluna abaixo do traço do algoritmo e acrescentar – caso apareçam – as unidades de ordem superior à coluna da esquerda. As *decisões* que é preciso tomar estão relacionadas, principalmente, com o reagrupamento em unidades de ordem superior (reagrupar, transportar, etc.).

Importância da aprendizagem

A importância desse procedimento está na segurança com que nos permite resolver situações relacionadas com a soma, tanto na escola quanto fora dela. Seu domínio faz parte das expectativas dos alunos, já que é um conhecimento com uma certa categoria histórica e social, empregado, ainda, com certa freqüência (regredindo desde o surgimento da máquina de calcular). No entanto, é preciso relativizar sua importância, já que se pode somar de muitas outras maneiras (com a cabeça, por meio de estratégias pessoais de cálculo, com materiais, com calculadora, manipulando um ábaco, empregando blocos multibase, com computador, etc.). O algoritmo utilizado em nossa área de influência cultural não é, pois, a única ferramenta de que dispomos para somar, mas, por hora, serve-nos para resolver situações concretas, quando só dispomos de lápis e papel e não somos muito hábeis com outros procedimentos do sistema de numeração. No entanto, a utilização desse algoritmo reforça o conhecimento do sistema de numeração, é uma base para alcançar outros conhecimentos matemáticos e tem uma utilidade imediata na resolução de situações e problemas.

Grau e tipo de aprendizagem a alcançar durante o ensino fundamental

Ao concluir o ensino fundamental, os alunos devem resolver, ao menos com um bom grau de automatismo, somas de números de até quatro dígitos ou com dois ou três decimais, solucionando todas as dificuldades e casos específicos relacionados. Além disso, devem ser capazes de avaliar criticamente sua utilidade como uma ferramenta a mais, distinguindo as situações conforme interesse calcular com exatidão ou aproximadamente e avaliando quando convém utilizar o algoritmo, usar a calculadora ou empregar a cabeça. O procedimento deve estar suficientemente generalizado para que possa ser aplicado em diversas situações, tanto dentro quanto fora da área.

Linhas gerais da seqüência de aprendizagem ao longo do ensino

1. Quando apresentemos o algoritmo da soma, os alunos já devem ter claro o significado da operação, saber o tipo de situações que podem resolver e serem capazes de somar dígitos com relativa facilidade.
2. Convém começar com números que dominem minimamente, já que agora se trata apenas de que compreendam a ordem (colocação dos

números, seqüência correta de ações que se deve seguir, etc.), que conheçam os signos que aparecem no algoritmo e que se acostumem a utilizá-lo como uma forma a mais de somar.
3. Introduziremos processos mais complexos à medida que vamos progredindo no conhecimento do sistema de numeração, aproveitando o uso do procedimento para reforçar o conhecimento do sistema.
4. É importante não somar números de duas cifras até que tenham aprendido a agrupar unidades para formar dezenas.
5. Não é conveniente que os alunos associem soma com algoritmo da soma. Deve-se permitir que resolvam somas utilizando diversos procedimentos. Escolher o procedimento proporciona critérios de escolha e decisão que geram atitudes indispensáveis para alcançar um bom domínio da Matemática.
6. Tenhamos presente que é mais importante compreender o significado da soma do que dominar rapidamente seu algoritmo. Deixemos que os alunos participem da resolução de situações e problemas utilizando outros procedimentos, ferramentas e materiais.
7. É importante lembrar, de vez em quando, a *ordem* que é preciso seguir e as *decisões* que é preciso tomar ao aplicar o algoritmo. Repassar possíveis aspectos conflitivos a fim de refrescar os mecanismos do algoritmo dá segurança aos alunos.
8. Para promover a compreensão dos mecanismos, desenvolver o senso numérico, favorecer a comprovação da lógica dos resultados e conseguir um trabalho cômodo e compreensivo com números relativamente elevados, é indispensável utilizar o algoritmo arredondando as parcelas e fazendo uma estimativa dos resultados da soma.
9. Será conveniente trabalhar detalhadamente a orientação no papel ou o domínio do traço com os alunos que tenham dificuldades para tanto.
10. Apresentar exemplos suficientes, quando se aplicar o algoritmo para somar números de dificuldade especial, dá segurança e agilidade.
11. A aplicação em conteúdos diversos, em situações motivadoras e, especialmente, na resolução de problemas, é indispensável para organizar seu uso.
12. É fundamental que exista um acordo sobre como devem ser trabalhados os algoritmos na escola toda, se quisermos que os alunos adquiram uma base sólida que lhes permita refletir.

Uma seqüência de ensino/aprendizagem

Será tratada a soma de números de três decimais utilizando o algoritmo.

- *Nível apropriado*

Situamos essa seqüência na 5ª série do ensino fundamental.

- *Objetivos referenciais*
  - Somar números de três decimais empregando o algoritmo da soma.

- *Conteúdos conceituais e atitudinais associados*
  Os conteúdos conceituais com que aplicaremos o procedimento são: unidades de posição; decimais; décimas, centésimas e milésimas; soma; algoritmo da soma.
  No que se refere aos conteúdos atitudinais mais relevantes, é preciso destacar o interesse e a concentração para analisar e comparar as cifras dos números, a precisão no uso dos materiais e a ordem, constância e atenção na resolução do algoritmo.

- *Conhecimentos prévios*
  Domínio motor, desenvolvimento cognitivo e memória suficientes. Uso correto do material multibase para representar com três decimais. Conceito de decimal. Domínio do algoritmo da soma com números de um decimal ou dois. Conhecer a utilidade da vírgula decimal, distinguindo a parte inteira da parte decimal de um número. Unidades de posição até a milésima.

- *Atividades de ensino/aprendizagem*
  Essas atividades buscam recuperar o uso do algoritmo da soma com números de dois decimais para estendê-lo e aplicá-lo aos números de três decimais.

  1. Mostrar aos alunos material multibase (placas de unidades de décimas e de centésimas). Pedir que representem números com dois decimais, empregando o material de modo que se identifiquem unidades, décimas e centésimas.
  2. Fazer com que escolham duplas de números e pedir que as coloquem corretamente para somar. Trabalhar com eles a importância da posição da vírgula para assegurar a correção do cálculo com o algoritmo. É preciso começar escrevendo os dois números que se deve somar com as unidades de posição e a vírgula situadas na mesma coluna. A seguir, desenvolver o algoritmo como sempre o fazemos, sem esquecer de escrever a vírgula no resultado.
  3. Apresentar duplas de números com diferente número de cifras, para comprovar que os alunos não cometam erros na colocação das unidades de posição. Apresentar alinhamentos diferentes de uma mesma soma e perguntar qual é a ordenação correta. Fazer com que reflitam e conscientizem-se do lugar onde deve ir a vírgula e da coluna onde está situada cada unidade de posição.
  4. Propor aos alunos que, trabalhando em dupla, escolham números para apresentar somas por escrito e pedir que expliquem a *ordem* a seguir e as *decisões* a tomar para resolver o algoritmo corretamente. Fazer que primeiro resolvam-nas utilizando o material multibase e depois com lápis e papel.

Pedir que comprovem a correção do alinhamento. Sugerir que comentem se o resultado é possível, arredondando e somando as parcelas.
5. Propor aos alunos que representem e escrevam agora números com uma unidade e três cifras decimais. Utilizar o quadro-negro para recordar o nome de cada uma das cifras decimais, o lugar da vírgula e o lugar da unidade. Mostrar qual é a *ordem* e as *decisões* que devem empregar para somar números de três decimais. Escrever no algoritmo os números corretamente alinhados, somar as milésimas – reagrupar se convir –, escrever as centésimas – reagrupar se convir –, somar as décimas – reagrupar se convir –, escrever a vírgula decimal e somar as unidades. Pedir aos alunos que somem com material e com lápis e papel os pares de números escolhidos e que comparem os resultados. Sugerir que utilizem calculadoras para corrigir os resultados.
6. Proporcionar aos alunos prática suficiente para que interiorizem os mecanismos, propondo problemas e exercícios de aplicação relacionados com as unidades de medida nos quais tenham de empregar números com decimais.
7. Fazer com que inventem problemas similares *depois de terem discutido situações cotidianas nas quais se empregam decimais*. Indicar aos alunos (quando necessitarem) que continuem empregando materiais para representar os decimais.

RECONHECIMENTO E USO DOS ATRIBUTOS DOS ELEMENTOS DE UMA COLEÇÃO

Poder etiquetar, agrupar e classificar elementos de uma coleção encontrando um atributo que lhes seja comum é um conteúdo procedimental utilizado em todas as áreas durante grande parte da escolarização. Esse procedimento consiste em comparar os elementos de uma coleção mediante características ou atributos a fim de agrupá-los e classificá-los.

Importância de sua aprendizagem

A importância do reconhecimento e do uso dos atributos centra-se essencialmente na potencialidade desse conteúdo procedimental para ajudar a refletir e a utilizar esquemas de representação, para facilitar a organização de informações por meio de tabelas, diagramas, sistemas de classificação, etc., e, para resolver séries, seqüências e correspondências que ajudarão a estruturar códigos ou a esclarecer e comparar sistemas de numeração, tipos de linguagens, interpretações de informações, etc.

Grau e tipo de aprendizagens a alcançar no ensino fundamental

Trata-se de um conteúdo procedimental geral que está relacionado com todas as áreas e que convém planejar conjuntamente entre todas, tanto para estimular e favorecer a construção do pensamento, em que contribui de forma eficaz e significativa, como para desenvolver estratégias de comparação e classificação que serão utilizadas em muitas das aprendizagens do ensino fundamental. Muitos dos aspectos apresentados como informação na escola estão estruturados a partir de atributos e da pertença ou não de elementos a grupos determinados (tipos de animais, rochas, casas, operações, fórmulas, elementos químicos, figuras geométricas, tipos de literatura, etc.). Participar de jogos, refletir sobre os atributos, utilizá-los para adivinhar e classificar, são atividades importantes que conduzem ao desenvolvimento do pensamento e promovem o estabelecimento das relações entre os conteúdos. É importante que, quando os alunos a utilizem, saibam o que estão fazendo, o que permitirá generalizar sua aplicação com maior facilidade.

Ao concluir a escola, os alunos deveriam ser capazes de, com uma certa agilidade, reconhecer e empregar atributos para analisar, classificar e representar informação relacionada com a maioria dos conceitos apresentados.

Linhas gerais da seqüência de aprendizagem ao longo do ensino

1. Convém utilizar esse procedimento com freqüência e conteúdos diferentes, já que é a base de muitos dos processos de classificação e estudo que deverão ser dominados ao concluir a escola.
2. Apesar de não ser um procedimento exclusivo dessa área, devem-se proporcionar experiências aos alunos e prática suficiente que lhes permitam generalizar seu uso.
3. Desde a pré-escola, o trabalho com atributos, classificação e ordenação já faz parte das atividades de cada dia. Trabalhar com atributos é descobrir novas formas, relações e conexões entre tudo o que nos rodeia.
4. Podemos começar, pois, por uma fase mais manipulativa e experimental, aplicando esse procedimento por meio de diferentes conteúdos elementares como forma, cor, tamanho, tato, sabor, número, etc., para ir propondo outros mais abstratos e complexos.
5. É importante relacionar esse tipo de procedimentos com aspectos vivenciais dos alunos.
6. Convém apresentar os exercícios como um jogo, no qual a habilidade principal consiste em ordenar, decidir, separar, classificar e adivinhar. Os jogos de adivinhação do tipo "quem é quem" fazem com que os alunos se concentrem na comparação e seleção de atributos.
7. É interessante utilizar o procedimento para introduzir o conceito de número; para comparar, classificar e ordenar subgrupos dos números naturais (pares, nomes, os de uma cifra, os que têm centenas, etc.); para classificar corpos e figuras geométricas, etc.
8. É relativamente simples encontrar atividades que permitam aplicar este procedimento em conteúdos de outros blocos ou áreas, permitindo o agrupamento de informações diversas em tabelas, diagramas e gráficos:

a busca de propriedades, semelhanças e diferenças entre séries, seqüências, operações, modos de solucionar um problema, etc.
9. Com procedimentos situados mais no pólo cognitivo, convém, especialmente, deixar uma margem suficiente para que os alunos possam escolher suas soluções: as questões colocadas podem ter formas de resolução e respostas diferentes. Deve-se oportunizar aos alunos que se exercitem segundo seus critérios, sempre e quando estejam dispostos a explicar a origem e o motivo de suas decisões após a atividade.

Uma seqüência de ensino/aprendizagem

Propõe-se utilizar atributos e características de corpos sólidos e objetos, para agrupá-los, classificá-los e denominá-los.

- *Nível apropriado*

Esta seqüência é proposta para ser trabalhada na 4ª série do ensino fundamental.

- *Objetivos referenciais*
    - Conhecer e empregar os atributos de objetos e corpos para classificar, agrupar e adivinhar.
    - Reconhecer os atributos dos elementos que formam parte de um grupo.
    - Redigir ou verbalizar descrições de sólidos e objetos do ambiente.
    - Reconhecer, denominar e utilizar os elementos e características dos sólidos.

- *Conteúdos conceituais e atitudinais associados*
    – Conceituais
        - Sólido/figura plana, cubo, prisma, esfera, cilindro, cone, pirâmide, vértice, aresta, face, superfície, superfície curva, superfície plana são os conteúdos conceituais de suporte do procedimento nessa seqüência e que serão empregados como atributos e, portanto, como base para ordenar, agrupar e classificar.
    – Atitudinais
        - Precisão e interesse pela exploração, recriação de elementos lúdicos que comportem um trabalho matemático e interesse pelo intercâmbio de informações, argumentos, experiências e descobertas com colegas e adultos.

- *Conhecimentos prévios*
    - Ser capaz de reconhecer e utilizar atributos simples.
    - Diferenciar entre figuras planas e sólidos.
    - Reconhecer experimentalmente o cubo, o prisma, a esfera, o cilindro, o cone e a pirâmide.

- *Atividades de ensino/aprendizagem*

Esta proposta de seqüência de atividades pode ser modificada em função do grau de conhecimento que os alunos tenham dos sólidos ou da precisão com que utilizem os conteúdos conceituais [5].

1. Propor aos alunos jogos de adivinhar atributos tirando sólidos de um saco, com os olhos vendados (podem ser corpos geométricos ou objetos do ambiente), devendo reconhecer os corpos, apalpando com as mãos, e explicar os atributos que conhecem e começam a fazer propostas para agrupá-los.
2. Fazer com que classifiquem os sólidos e objetos com que tenham trabalhado e outros que podem trazer (objetos, desenhos, fotografias, etc.) com etiquetas de atributos. Essa atividade pode ser feita em pequenos grupos, de modo que os alunos tenham que chegar a um acordo e negociar a classificação.
3. Pedir que expressem os motivos dos agrupamentos. Fazer perguntas sugestivas a respeito. Fazer com que se dêem conta da necessidade de compartilhar os atributos ao classificar elementos que interessem a todos. Discutir sobre a utilidade das classificações propostas no texto.
4. Propor aos grupos de trabalho que escolham algum dos elementos dos sólidos (vértice, aresta, face) ou de seus atributos (gira/não gira; é fácil/difícil de envolver; tem faces planas/curvas, se parece com um sólido ou não, etc.) e que listem objetos conhecidos utilizando elementos ou atributos como critério de classificação. É importante que os alunos que tem necessidade possam voltar a manipular os sólidos e os objetos para reconhecerem um atributo.
5. Pedir aos alunos que construam fichas recopilando os atributos diferenciais trabalhados, de modo que possam anotar as características de sólidos e objetos. Propor que redijam, empregando a ficha, uma descrição explicando o motivo da escolha. Fazer com que desenhem objetos que se pareçam com o que descreveram.
6. Levar para aula argila e papel de embrulho ou jornal para que os alunos construam corpos, de maneira que captem a forma mais intuitivamente, e, quando secarem, fazer com que os envolvam, soltem-nos em um plano inclinado, etc. Sugerir que acrescentem e comparem as observações em suas fichas. Pedir que inventem outras formas de evidenciar as diferenças de comportamento dos sólidos.
7. Organizar um fichário com fichas elaboradas na biblioteca da aula.
8. Ajudar os alunos a construir um mural com os sólidos trabalhados, e suas características, usando papel. Organizar uma exposição dos materiais empregados, agrupando-os por semelhanças com os sólidos, colocando etiquetas do tipo "parecem-se com...", "têm características semelhantes a...". Essa atividade pode ser proposta antes da atividade 2 ou 5, em função do conhecimento que os alunos tenham do conteúdo trabalhado.

9. Organizar jogos de adivinhar empregando atributos negativos. Não tem todas as faces planas, não é uma esfera e tem um vértice – o que é? (Um cone.) Não tem curvas, não tem menos de sete vértices, não tem todos os lados iguais – a que sólido nos referimos? (Um prisma.)
10. Propor aos alunos que, em duplas, tentem escrever atributos positivos e negativos para diferentes objetos ou corpos, de modo que os colegas tenham que adivinhá-los para comprovar a precisão das afirmativas e negativas sobre os atributos propostos.

CONFECÇÃO DE GRÁFICOS

Este procedimento envolve diversas ações dirigidas para a construção, com instrumentos de desenho ou sem eles, de gráficos ou outros sistemas de representação de informação elaborada. Considerando o pólo-motor, convém destacar a construção e o preenchimento do gráfico (linhas, células, separações, assinalar a informação, etc.), a escrita da legenda, o traço das linhas resultantes, a representação da informação relevante, etc. Em uma perspectiva mais cognitiva e heurística, podemos mencionar a análise, o agrupamento e a classificação da informação, a decisão do tipo de gráfico que convém empregar, a adequação da legenda e do contexto, a exemplificação com ilustrações e pictogramas, a análise e descrição do conteúdo do gráfico, etc. Nessa proposta, referimo-nos essencialmente ao procedimento motor envolvido na construção de representações gráficas da informação.

Importância de sua aprendizagem

Falamos de um procedimento que será utilizado em muitas das áreas durante a escolarização dos alunos, mas que também está presente de forma relevante nas informações que estes recebem de fora da escola. É uma ferramenta que permitirá analisar, compreender e utilizar grande quantidade de informação. A importância desse procedimento está em que o consideramos essencial a partir de duas perspectivas, como favorecedor da organização da informação numérica e como forma de desenvolver e aplicar habilidades e procedimentos de tipo-motor.

Grau e tipo de aprendizagem que deve alcançar no ensino fundamental

Na 6ª série, os alunos devem empregar instrumentos de desenho (réguas, compassos, lápis, pincel-atômico, papel branco ou quadriculado de diferentes tamanhos, etc.) para elaborar diferentes tipos de gráficos, ilustrações, diagramas, linhas temporais, histogramas, movimentos e tabelas relacionados com os conteúdos próprios do ensino fundamental. É conveniente, pois, enquadrar tal procedimento dentro de um contexto mais amplo, diretamente conectado com o domínio da grafia e da utilização de instrumentos de desenho e, essencialmente, com os procedimentos de expressão plástica, para aprofundar a precisão, o detalhe e o bom-gosto da apresentação. Também deverão ser capazes de escolher o tipo de representação gráfica mais adequada a uma situação determinada, assim como de ilustrar e desenhar pictogramas relacionados.

Linhas gerais da seqüência de aprendizagem ao longo do ensino

1. A habilidade no uso desse procedimento (desenhar e preencher gráficos) deve-se relacionar com o domínio do traço e com a organização geral do espaço, se bem que no plano cognitivo ficará definido pela complexidade da numeração e dos conteúdos que sejam aplicados.
2. Deverá se proceder progressivamente, passando pela manipulação de cubos encaixáveis para representar uma situação, ordenando e relacionando a informação em colunas; a representação de informação colocando adesivos e pintando, marcando ou desenhando colunas com quadros de tamanho adequado, a ilustração do conteúdo de gráficos simples ou a repetição de pictogramas combinados previamente.
3. É importante desenvolver a observação e a percepção dos alunos no que se refere aos eixos, localização das informações e, em geral, à distribuição do espaço. Ilustrar os gráficos para dar significado à informação ajudará a esclarecer os conceitos trabalhados e ajudará os alunos a buscarem significado na leitura e construção de diferentes modelos.
4. A progressiva precisão no traço e no domínio da orientação espacial nos indicará o momento de começar a utilizar gráficos ou quadriculados – organizados horizontal ou verticalmente – e a produzir gráficos circulares ou com volumes.
5. O desenvolvimento cognitivo marcará o momento de começar a empregar signos convencionais para representar a informação (pontos, cruzes, etc.), de dar suporte aos gráficos, com números e frases explicativas (legendas), passando progressivamente da ilustração para a explicação escrita, passando de situações conhecidas e práticas com números pequenos para trabalhar números cada vez maiores e incrementando a dificuldade do modelo que será desenhado.
6. A precisão na construção de quadriculados e gráficos é importante e convém cuidá-la especialmente ou oferecer suportes alternativos, sobremaneira quando trabalhamos com informações relacionadas a números grandes ou a decimais.
7. Em muitos dos aspectos, haverá que se levar em conta o domínio da lateralidade dos alunos, para prever possíveis atividades e caminhos alternativos.
8. As ferramentas de desenho para construir gráficos deverão ser introduzidas progressivamente e à medida que os alunos forem capazes de usá-las com um mínimo de segurança. Convém que, no começo, trabalhem sobre papel com quadriculados de tamanhos diferentes.

9. Com uma boa interação e programas de planejamento de gráficos pelo computador, pode-se trabalhar e reforçar aspectos qualitativos referentes à orientação e ao domínio do espaço, proporcionando aos alunos intuições visuais que dificilmente teriam se usassem apenas lápis e papel.

Uma seqüência de ensino/aprendizagem

Propõe-se o preenchimento de um gráfico com números e conteúdos simples.

- *Nível apropriado*
Esta atividade pode situar-se na 1ª série. Como em muitos outros procedimentos, deveremos fazer com que os alunos trabalhem em função de seus conhecimentos. No entanto, é importante que todos passem por todas as fases do processo, isso os ajudará a poder imaginar e levar à prática o procedimento em fases mais complexas.

- *Objetivos referenciais*
    - Completar e interpretar pictogramas e gráficos de barras.
    - Utilizar materiais manipuláveis para fazer recontagens eficazes, agrupando os elementos e a informação com critérios combinados previamente.

- *Conteúdos conceituais e atitudinais associados*
    – Conceituais
        - Gráfico
        - Informação numérica.
        - Ordenação da informação.
        - Número até o 10.
    – Atitudinais
        - Interesse por explorar elementos significativos de uma ilustração ou um gráfico.
        - Disposição para interpretar e produzir novas informações.

- *Conhecimentos prévios*
Em geral, todos os que se referem ao domínio do traço e ao início da escrita. Motricidade manual evoluída para utilizar os lápis de cor para preencher pequenas superfícies. Contar até 10. Relacionar um por um os elementos de um grupo com signos concretos. Efetuar recontagens de dois conjuntos.

- *Atividades de ensino/aprendizagem*
1. Trabalho no quadro-negro. Propor aos alunos que desenhem no quadro as atividades que preferem. Estabeler critérios e pedir que agrupem as informações e que façam uma recontagem.

2. Construção do gráfico. Mostrar o que se deve fazer e como se deve fazer, construindo no quadro um gráfico de barras, desenhando uma coluna sobre um desenho que represente cada atividade (pictograma) e as divisões suficientes para agrupar toda a informação. Ajudar os alunos a observarem os aspectos gráficos mais relevantes. Pedir que marquem o desenho e preencham uma divisão da coluna a que pertença. O procedimento de pintar uma célula da coluna correspondente a cada desenho que marcamos será comentado com os alunos.
3. Comentar com os alunos: "Vocês já viram como há a mesma informação nas colunas e nos desenhos. Vamos comprovar se está certo". Pedir-lhes que contem e façamos perguntas para comprová-lo.
4. Propor ilustrar a informação estudada para reforçar aspectos cognitivos do procedimento e pedir que pratiquem com cubos encaixáveis para trabalhar a percepção da estrutura geral de um gráfico de barras. Agora, a informação analisada estará representada por desenhos e por montes de cubos com um significado combinado previamente.
5. Proporcionar aos alunos situações e material impresso similar ao do quadro-negro para que pratiquem, analisem, pintem e comprovem a informação em pequenos grupos. Pedir que inventem problemas a partir da informação de um gráfico.
6. Fazer com que consultem em alguma aula sobre questões que lhes interessem (animal favorito, número de irmãos ou primos, atividade dos pais, etc.). Discutir com eles como deverá ser organizada a informação coletada e pedir-lhes que a ordenem e a representem pintando as colunas preparadas. Ajudar a pintar as células corretamente. Colocar à disposição materiais preparados para trabalhar a precisão do traço e a pintura de superfícies aos alunos que necessitarem.
7. Trabalhar especialmente a recontagem: a ação de *pintar/assinalar uma célula e marcar o desenho* correspondente, consecutivamente, deve estar dirigida basicamente aos alunos que ainda apresentem alguma dificuldade motora. Permitir que os alunos que necessitem utilizem materiais manipuláveis (adesivos, etiquetas, etc.) para efetuar recontagens. Um bom sistema poderia consistir em fazer primeiro a recontagem de todos os da mesma categoria e pintar a coluna correspondente, continuando com as outras categorias. Promover entre os alunos formas de recontagens eficazes.
8. Expor em aula os gráficos construídos e outros modelos tomados de revistas, jornais, livros, etc. Para facilitar a compreensão da utilidade e diversidade de formas de representação.

ESTIMATIVA

Este conteúdo procedimental consiste, basicamente, em oferecer uma aproximação útil para a resposta a um problema ou situação. Os alunos utilizam-no em diferentes blocos da área (numeração, cálculo, medida, etc.) e como aplicação em outras áreas do currículo.

Dizemos que inclui uma ação porque, ao dominá-lo, permite dar respostas com um certo grau de automatização, apesar de que sua aprendizagem envolve ações sucessivas (formulação da estimativa, comprovação e correção, tentear). Trata-se de um conteúdo procedimental a meio caminho entre o algorítmico e o heurístico, e de caráter marcadamente cognitivo. Compreende essencialmente o domínio de dois aspectos: um de tipo heurístico que está relacionado com a intuição, que consiste em aventurar estimativas sobre quantidades e medidas, e outro de caráter mais algorítmico, que nos serve para calcular ou nos expressar com quantidades aproximadas.

Importância de sua aprendizagem

Freqüentemente, as aprendizagens de Matemática em aula estão cercadas de uma certa exigência relacionada com a precisão e a exatidão, e boas propostas de resolução ou idéias imaginativas foram rejeitadas ao se descobrir uma falta de exatidão nas respostas. No entanto, socialmente, falamos muitas vezes em termos aproximados (preços, distâncias, dadas, etc.), utilizando expressões como "parece que", "mais ou menos", "aproximadamente", "a olho", etc., que nos servem para manter uma comunicação mais fluente e dinâmica. A estimativa é um procedimento socialmente reconhecido que tem muitas aplicações no contexto escolar. Os objetivos que permite alcançar dão uma idéia da importância de ensinar esse procedimento rigorosa e sistematicamente. No ensino fundamental pode ser utilizada, entre outros objetivos, para prever a lógica dos resultados, para averiguar uma resposta quando não é possível calcular com exatidão e para favorecer a compreensão do sistema de numeração (a interpretação de gráficos e tabelas, as relações nas operações, os processos de resolução de problemas, etc.), favorecendo a manipulação e a expressão com números. A prática desse procedimento ajudará a adquirir agilidade e intuição para resolver processos cada vez mais complexos e progredir com segurança por terrenos cognitivos.

Grau e tipo de aprendizagem a alcançar no ensino fundamental

Ao concluir o ensino fundamental, os alunos deveriam ser capazes de efetuar estimativas não apenas na área de Matemática, mas também em outras áreas onde as informações sejam ou possam ser tratadas de maneira aproximada. Falamos de um procedimento geral, que convém planejar cuidadosamente durante toda a escolarização, já que desenvolve a intuição e o senso numérico, reforça outros conceitos e favorece a comunicação e o uso das linguagens matemáticas.

Linhas gerais da seqüência de aprendizagem ao longo do ensino

1. No princípio, especialmente na 1ª e na 2ª séries, podemos começar a desenvolver esse procedimento fazendo com que os alunos adivinhem

apenas olhando o número de elementos de um grupo e o número de agrupações – duplas, dezenas, etc. – que se podem fazer ou que pratiquem intuitivamente com o tamanho de objetos e unidades familiares.
2. A estratégia para ensinar consiste, em geral, em pedir aos alunos que façam estimativas e em escolher a que mais se aproxime (procurando trabalhar em grupos não muito numerosos para evitar a perda de informação). Faremos com que os alunos comprovem se a aproximação foi para mais ou para menos da quantidade apresentada. Também é necessário que o professor faça estimativas para que os alunos opinem se são razoáveis ou não.
3. É conveniente que se peça com freqüência a estimativa dos resultados, especialmente quando estejam medindo ou manipulando quantidades (uma boa atividade pode ser, por exemplo, tentar adivinhar o número de carros que há em uma garagem, o número de alunos que há no pátio ou as figuras que aparecem em um quadro, foto, desenho, antes de contá-las).
4. Da mesma forma, é preciso refletir sobre as estimativas e mostrar para onde se dirigem, por exemplo, fazendo uma média de diferentes estimativas (em pequenos grupos), discutindo o erro ou a exatidão das estimativas feitas, sobre como o fizeram, etc.
5. É mais importante trabalhar a aplicação do procedimento do que seu conteúdo, já que são ações de estimar, comprovar e retificar – tentear – as que estimularão a intuição. Os alunos devem compreender o sentido, objetivo e vantagens da estimativa. Resolver problemas ou tomar medidas sem exigir resoluções das operações ou o uso de instrumentos favorece esse tipo de compreensão.
6. Convém promover técnicas de cálculo mental que permitam fazer estimativas e cálculos aproximados.
7. Convém estimar sempre que seja possível, mas é preciso saber quando é necessário obter um resultado exato e quando é mais interessante obtê-lo de forma aproximada.
8. O trabalho com gráficos e tabelas, estimando valores desconhecidos situados entre valores que conhecemos, é também um dos aspectos a desenvolver a partir da 5ª série. Antes, os alunos podem tentar adivinhar observando em uma tabela quais são as colunas que tiveram mais ou menos escolhas, compará-las e comentá-las sem ter que contar a informação com exatidão.
9. Em geral, esse procedimento pode ser utilizado em outras áreas: a precisão sobre o número de habitantes de uma cidade, a altura de uma montanha, as distâncias entre pontos geográficos, etc. muitas vezes não são necessárias. Ter uma idéia aproximada desses dados pode ser mais útil para ter uma visão geral da situação estudada.
10. Em geral, conseguirão um maior domínio do procedimento desenvolvendo a habilidade para expressar intuitivamente a informação recebida sem

preparação, comprovando-a e cotejando-a posteriormente, com um estudo mais detalhado.
11. No que se refere ao cálculo escrito, convém levar em conta que trabalhar com números arredondados ajuda a compreender o significado das operações. É preciso ensinar explicitamente diferentes técnicas para arredondar números (aproximando até unidades de posição consecutivas, equilibrando os dígitos, substituindo números compatíveis, utilizando repetições, comparando com pontos de referência, etc.), assim como para resolver operações.

Uma seqüência de ensino/aprendizagem

Trata-se de arredondar números com mais de cinco cifras até a seguinte dezena de milhar.

- *Nível apropriado*

Esta atividade é proposta para a 5ª série, apesar de que, seguindo a mesma seqüência, podemos trabalhar com números menores a partir da 1ª série.

- *Objetivos referenciais*
    - Arredondar números de até cinco cifras.
    - Responder a perguntas quantitativas de uma tabela sem calcular nem contar.

- *Conteúdos conceituais e atitudinais associados*

Os conteúdos conceituais apresentados que se referem à numeração são o sistema de numeração, as unidades de posição até as dezenas de milhar, a seqüência numérica, o número aproximado, a estimativa e o arredondamento.

No que se refere às atitudes, convém trabalhar a precisão na manipulação e no posicionamento dos números e, especialmente, a decisão de trabalhar e se expressar com números aproximados, assim como o fato de perder o medo do erro pessoal.

- *Conhecimentos prévios*
    - Sistema de numeração e unidades de posição até as dezenas de milhar.
    - Conceito de número aproximado.
    - Domínio adequado da seqüência numérica.
    - Noção suficiente de ordem na numeração.

- *Atividades de ensino/aprendizagem*
    1. Repassar com os alunos os passos do procedimento, trabalhando sobre a seqüência numérica. Apresentar aos alunos seqüências numéricas com números até o mil e listas de números compreendidos entre o cem e o mil (páginas de diferentes livros, números de placas de carros, caminhões e

motos, peso de animais, etc.). Pedir-lhes que situem os números na seqüência numérica e que assinalem ou ajudem a situar o número no lugar correto, indicando a distância até a próxima centena. Está mais próximo de 600 ou de 700? Esclarecer casos especialmente difíceis – quando o número é de 450, etc. – usando acordos e recordando normas gerais.
2. Propor atividades similares com números maiores, discutindo com os alunos exemplos situados entre as dezenas de mil e as centenas de mil. Tentar que os alunos arredondem até a dezena seguinte, centena, milhar e unidade de milhar utilizando seqüências numéricas ou trechos destas. Fazer com que abandonem progressivamente o uso do papel e do material. Deveriam ser capazes de arredondar mentalmente depois da sessão.
3. Propor mais exemplos, tantos quantos forem necessários, apresentando aos alunos seqüências numéricas de comprimento e parcelas adequadas ao tipo de arredondamento que queiramos ensinar.
4. Apresentar problemas por meio de tabelas (perguntas sobre populações com um número de habitantes adequado, espectadores de concertos conhecidos, usuários de redes de meios de transporte, preços de móveis, aparelhos de música, motos usadas) que eles mesmos possam completar mediante enquetes ou consultas a publicações, enciclopédias, livros, etc., e fazer com que resolvam perguntas quantitativas sem contar.
5. Discutir, para tornar explícita a facilidade de comparar, decidir, manipular e explicar quando o fazemos com números arredondados.
6. Propor situações nas quais devem escolher entre a utilização de números arredondados e números exatos.

LEITURA DE CONTEÚDOS MATEMÁTICOS

Este conteúdo procedimental, como a leitura a partir do enfoque da linguagem, é formado por múltiplas ações e consiste em descodificar e compreender textos, imagens, ilustrações, etc., relativos a problemas ou a textos específicos dessa área. Os aspectos básicos do procedimento referem-se, em primeiro lugar, àqueles que são específicos da linguagem: velocidade, compreensão, posição diante da leitura, etc., e, em segundo lugar, o tratamento específico e a contextualização da informação recebida por meio da área de Matemática.

Importância de sua aprendizagem

A importância dessa aprendizagem – específica de Matemática – é básica, mais ainda quando a tradição nos ensinou que muitas vezes os alunos perdem-se nessa área, precisamente por causa das dificuldades envolvidas na aplicação das aprendizagens de leitura – e escrita – em outras áreas. Deixaremos a aprendizagem global da leitura no lugar que lhe corresponde, a área de Língua, e frisemos os pontos básicos desse procedimento em relação à Matemática.

Grau e tipo de aprendizagem a alcançar no ensino fundamental

Ao terminar o ensino fundamental, os alunos deveriam poder decifrar – ler de forma compreensiva – todo tipo de textos, símbolos, ilustrações, exemplos, problemas, exercícios, etc., relacionados com os conteúdos conceituais da área.

Linhas gerais da seqüência de aprendizagem ao longo do ensino

Os aspectos que agora comentaremos devem ser trabalhados periodicamente e em função dos conteúdos desde o princípio da escolarização: na pré-escola, é preciso dar a mesma ênfase à aprendizagem de aspectos básicos da leitura relacionada com a língua que da leitura relacionada com a Matemática. É preciso trabalhar, pois, em todas as séries (a partir da 1ª e 2ª também, e talvez mais ainda) os seguintes aspectos:

1. No que se refere ao vocabulário, convém apresentar as palavras novas e reexplicar aquelas em que os alunos mostrem uma maior dificuldade. Também é preciso assegurar-se de que o sentido das palavras é captado a partir de um ponto de vista matemático. Freqüentemente, as palavras têm mais de um significado ou inclusive um significado muito diferente no cotidiano dos alunos.
2. É preciso aprofundar especialmente os símbolos, já que muitas vezes um mesmo signo pode ser utilizado para mostrar operações ou significados distintos. Elaborar dicionários pessoais de Matemática, dispor de fichas de vocabulário com materiais relacionados, ajudaria a reforçar e a aprofundar esse tipo de questões.
3. Outro aspecto específico é a aprendizagem requerida para decifrar e utilizar os exemplos. Convém apresentá-los com precisão, assegurando-se de que os alunos compreendem a intenção e as implicações com que aparecem no texto.
4. As conclusões, os resumos e as generalizações requerem, também, um tratamento diferenciado. Assegurar-se de que todos os alunos compreendem seu significado, propondo debates a partir destes. Ler os textos para eles sempre que os considerar proveitosos. Lê-los, pelo menos, a um pequeno grupo de alunos que necessitem. Organizar grupos de leitura de Matemática para conseguir um apoio aos que têm maiores dificuldades ou um trabalho de maior complexidade para os que possam segui-lo. Permitir aos que estejam interessados nisso, antecipar a leitura de temas ainda não apresentados.
5. Em geral, podemos dizer que os alunos deveriam distinguir, pela apresentação, o tipo de texto que têm pela frente. Podemos encontrar explicações, exemplos, palavras conhecidas ou desconhecidas, generalizações, etc. Explicar o que lerão a seguir, para provocar expectativa e ajudar os alunos a situarem-se nos textos de Matemática.

6. A leitura de textos matemáticos deveria fazer parte das atividades gerais da leitura: colocar na biblioteca livros relacionados com matemática e organizar uma seção que possa ser lida ou consultada em diferentes horas da jornada. Não deixar de incluir livros que, embora sejam de outras áreas, utilizem conceitos matemáticos. Propor aos alunos que apresentem formas de dotação para a biblioteca, se conhecem alguma
7. Fazer com que busquem e consultem nos textos temas trabalhados em aula. Ensinar os alunos a destacarem as palavras-chave dos enunciados ou a observarem os aspectos importantes dos esquemas, das ilustrações ou das indicações. Mostrar bons trabalhos de compreensão (oralmente). Acostumar-se a prestar atenção ao contexto em que se trabalha quando estão calculando, experimentando, etc.
8. Propor atividades para assegurar a compreensão leitora à base de perguntas sobre todos os aspectos que forem necessários. Utilizar desenhos, histórias, representações, materiais sugestivos e manipuláveis, e relacioná-los com os textos que estamos trabalhando.
9. No que se refere aos diagramas, às tabelas, aos gráficos, às ilustrações, etc., convém distinguir entre os que são necessários e favorecedores para a compreensão dos textos e aqueles que unicamente estão presentes para enriquecer ou relaxar o espírito do leitor. Cada um desses aspectos requer uma aprendizagem específica, coisa que não podemos esquecer na hora de ensinar, avaliar e propor ajudas e caminhos alternativos para os alunos.
10. Quanto aos problemas, convém relê-los sempre que necessário. A leitura por parte dos professores é, às vezes, determinante para a compreensão. Tentar organizar sessões de leitura e discussão para promover sua compreensão. Editar um livro de problemas compreendidos, inventados e ilustrados pode ser uma tarefa interessante e proveitosa.
11. Pedir aos alunos que leiam em diferentes direções, em momentos distintos, já que conhecer a posição dos grupos e dos elementos por grupo no algoritmo de multiplicação ou nas frases de multiplicação, por exemplo, ajuda os alunos a compreenderem o que estão fazendo e dá sentido ao cálculo nos problemas. Convém aplicar essa prática aos algoritmos e a todo tipo de conteúdos matemáticos. Ler as frações de baixo para cima, as diferenças de esquerda para direita, os gráficos começando pelo final, etc. ajudam a ter uma visão mais global do que se quer ler.
12. Propor aos alunos que utilizem lápis e papel ao ler. Fazer esquemas, desenhos, representações do que estão lendo, melhora sua compreensão e favorece conexões para ampliar os mapas relacionados da matéria. Reforçar a compreensão pedindo que expliquem oralmente, por escrito, com ilustrações, mediante mapas conceituais, aquilo que compreenderam.
13. Ajudar a interpretar e a situar no contexto os materiais de ajuda, as fichas de trabalho, os materiais de suporte, os murais, os materiais de aula, etc.

Dedicar um tempo específico para melhorar os resultados na compreensão leitora e a utilização de recursos.
14. É básico trabalhar aspectos gerais de aprendizagem por meio da comunicação oral. Pensar que aqueles bem mais dotados para compreender visualmente e que não podem compreender as explicações orais sempre têm vantagem quando não estão diante dos textos. Dar suporte para as explicações orais com imagens e para os textos com explicações orais.

Uma seqüência de ensino/aprendizagem

O trabalho proposto trata da interpretação do enunciado de um problema para decidir se a informação que aparece nele é útil ou não para sua resolução.

- *Nível apropriado*
Esta seqüência foi pensada para a 4ª série.

- *Objetivos referenciais*
    - Descobrir e eliminar a informação em excesso no enunciado de um problema.
    - Decidir que informação (dados) é necessária para resolver o problema.
    - Resolver problemas relacionados com as quatro operações.

- *Conteúdos conceituais e atitudinais associados*
Os conteúdos conceituais que serão trabalhados nessa seqüência referem-se ao reconhecimento da essência do problema, como texto que convém analisar e compreender para poder lhe dar uma solução. Estão envolvidos conteúdos conceituais, como problema, operações, informação suficiente e informação necessária, dados, pergunta, incógnita, etc.
As atitudes que convém incentivar são a constância e a disposição para chegar a uma boa compreensão do texto (e suporte gráfico, se houver), assim como todas aquelas que se referem à leitura em geral e, mais especificamente, ao tratamento da informação.

- *Conhecimentos prévios*
    - Nível de leitura e compreensão suficiente.
    - Conhecimento adequado dos conteúdos que são desenvolvidos na atividade.
    - Conhecimento do tipo de problemas simples que podem ser resolvidos com as operações básicas.
    - Nível de cálculo suficiente.

- *Atividades de ensino/aprendizagem*
1. Propor, no quadro-negro, um problema em que haja alguns dados que não sejam úteis para sua resolução.

2. O problema, se trabalhamos conteúdos aritméticos, pode ser do tipo "Na aula somos 30 alunos. Temos 8 pacotes de iogurtes, e cada pacote tem 6 iogurtes. Cada pacote de iogurtes, que estão em oferta, custa R$ 5. Quantos iogurtes há no total?" É importante que a estrutura e os números sejam compreensíveis e manejáveis facilmente pelos alunos; se for conveniente, utilizar números mais exeqüíveis para facilitar a interpretação da informação do enunciado.
3. Perguntar aos alunos que passos devem ser dados para sua resolução, se queremos aplicar um plano, e deter-se na análise do texto; a ilustração, os dados e a pergunta do problema.
4. Dirigir a atenção dos alunos para a busca de dados e listar todas as informações que apareçam no enunciado do problema.
5. Fazer com que os alunos, por grupos, discutam que informação é necessária e qual não é para a resolução do problema. Pedir que expliquem por quê. Formular perguntas que os orientem para o isolamento da informação que precisam.
6. Fazer com que comprovem o número de dados que necessitam para resolver a operação que propuseram. Observar quais são os dados que não serão utilizados. Propor que expliquem por que não os utilizarão.
7. Deixar que façam propostas de resolução e discutir com toda a aula. Aplicar o cálculo correspondente e comprovar se a solução é correta.
8. Propor aos alunos que tenham mais dificuldades na leitura de problemas que voltem a ler o enunciado depois de terem resolvido o problema e que expliquem se agora notam algum tipo de diferença. Propor o mesmo trabalho a todos os alunos. Assegurar-se de que os alunos recebem uma informação extra, visual e auditiva, em função de suas necessidades.
9. Propor problemas suficientes e com alguma diversidade de interpretação e deixamos que os alunos inventem outros. Fazer com que, por duplas ou grupos, os colegas os resolvam. Trabalhar esses problemas com toda a classe, examinando os dados que aparecem em relação à pergunta. Averiguar se podem nos ajudar a resolver o problema ou não. Reler o problema buscando a informação que nos ajudará a encontrar a resposta. Comprovar se as outras informações são irrelevantes ou podem ajudar-nos. Guardar no livro de problemas de aula os mais interessantes.
10. Esse tipo de atividades pode ser proposto com conteúdos de outros blocos da área ou com conteúdos de outras áreas. Selecionar a informação relevante é um procedimento (ou subprocedimento) importante em muitas situações.

NOTAS

1 Compreensão da situação, identificação dos dados, reconhecimento da pergunta; planejar as ações que devem ser realizadas, executar o plano seguindo a ordem estabelecida; revisar as decisões em caso de não poder continuar; comprovação da

lógica e exatidão da resposta e da eficácia do plano ou estratégia utilizados; invenção e busca de outros problemas similares em que se pode aplicar o plano, etc.

2   Pedimos a quatro alunos que se posicionem em um espaço determinado da aula (em frente ao quadro é um lugar adequado). Fazemos com que um aluno saia e pedimos aos demais que expliquem o que aconteceu: Há mais gente agora? Quantos havia no começo? Quantos há agora? Quantos alunos há em cada carteira? Quantos serão se juntamos duas carteiras? (Ajudemos os alunos a fazer previsões, propondo que imaginem situações sem vê-las.) Quantos haveria se de cada carteira saísse um aluno? Se juntamos duas mesas, haverá mais ou menos?

3   O que sabíamos no começo? Quantos havia? O que queremos saber? O que podemos fazer para sabê-lo? Como calcularam? Como pensaram resolver o problema? Por quê? Por que propõem utilizar essa operação? O que é que fizeram primeiro? Pode-se resolver de outro modo? Alguém pode desenhar o que está acontecendo? Pode-se desenhar ou explicar todo o material relacionado com o enunciado do problema? Qual é a pergunta principal? O que se poderia recomendar ao colega para que fosse fácil para ele chegar à solução do problema? Onde pensam que falharam? Por quê?

4   Deixemos, aos que forem capazes, que contem nos dedos, mentalmente, com uma calculadora, com lápis e papel, etc., e que expliquem o que é que fizeram e por quê.

5   Podemos propor trabalhos com atributos mais simples para os alunos que o necessitem, antes de empregar os conteúdos propostos. É interessante propor classificações mais difíceis para os alunos que tenham um melhor nível: preparar jogos de adivinhação com sólidos mais complexos, com outros temas da área ou de outras áreas os ajudarão a progredir no procedimento proposto. Deixemos que eles mesmos escolham ou façamos propostas de um nível em que se sintam mais à vontade. A ordem dessa seqüência pode ser alterada ou recortada, se conveniente.

Quadro-Resumo por Ciclos

Conteúdo Procedimental	Seqüência Descrita Ensino Primário		
	CI	CM	CS
CONHECIMENTO DO MEIO NATURAL			
1- Dissecação		X	
2- Generalização de conceitos			X
3- Identificação de uma variável	X		
4- Montagem de um circuito elétrico		X	
5- Aplicação de uma fórmula			X
	X		
CONHECIMENTO DOS MEIOS SOCIAL E CULTURAL			
7- O registro de dados mediante um formulário	X		
8- Orientação espacial utilizando diferentes direções	X		
9- Utilização de noções e categorias temporais			X
10- Construção de modelos de processos dinâmicos		X	
11- O mapa conceitual			X
12- As brincadeira de "papel"			X
EDUCAÇÃO ARTÍSTICA. MÚSICA			
13- Entonação	X		
14- Análise e classificação das canções	X		
15- Imitação de sons		X	
16- Combinação cognitiva/criativa de sons e silêncios		X	
17- Interpretação de danças			X
18- Criação melódica			X

Conteúdo Procedimental	Seqüência Descrita Ensino Primário		
	CI	CM	CS
EDUCAÇÃO ARTÍSTICA. VISUAL E PLÁSTICA 19- Domínio do gesto 20- A representação simbólica 21- As técnicas 22- Recriações 23- Observação 24- Memória visual	X	X X	X X X X X
EDUCAÇÃO FÍSICA 25- Flexibilidade 26- Orientação no espaço 27- Lançamento 28- Subir 29- Expressão de emoções e sentimentos 30- Giros	X X	X	X X X
LÍNGUA 31- Caligrafia 32- Apresentação dos trabalhos escritos 33- Busca de uma palavra no dicionário 34- Compreensão leitora 35- Introdução/aplicação de regras ortográficas 36- Escrita de um texto (a redação)	X	X	X X X X
MATEMÁTICA 37- Elaboração de um plano para resolver um problema relacionado com operações 38- Algoritmo da soma 39- Reconhecimento e uso dos atributos dos elementos de uma coleção 40- Confecção de gráficos 41- Estimativa 42- Leitura de conteúdos matemáticos	X X	X X	X X